当代阿曼文明

阿曼文化俱乐部　主编

五洲传播出版社

图书在版编目（CIP）数据

当代阿曼文明 / 阿曼文化俱乐部编 . -- 北京：五洲传播出版社，2024.01

ISBN 978-7-5085-5080-0

Ⅰ . ①当… Ⅱ . ①阿… Ⅲ . ①文化史—阿曼—文集Ⅳ . ① K388.03-53

中国国家版本馆 CIP 数据核字 (2023) 第 158742 号

主　　编：阿曼文化俱乐部
译　　者：尼罗文化
出 版 人：关　宏
责任编辑：刘婷婷
版式设计：高　洁

当代阿曼文明

出版发行：五洲传播出版社
地　　址：北京市海淀区北三环中路 31 号生产力大楼 B 座 6 层
邮　　编：100088
发行电话：010-82005927　010-82007837
网　　址：http://www.cicc.org.cn　http://www.thatsbooks.com
印　　刷：北京市房山腾龙印刷厂
版　　次：2024 年 1 月第 1 版第 1 次印刷
开　　本：710 mm × 1000 mm　1/16
印　　张：12.75
字　　数：150 千字
定　　价：98.00 元

目　录

致 辞

重视文化思想是阿曼苏丹国复兴时期社会的优先发展事项之一。卡布斯·本·赛义德[①]苏丹深信文化的重要性，认为文化思想是意识、知识和价值观的一大支柱，也是动态发展资料的基础。文化思想一方面依靠知识分子的意识，另一方面也通过有创造力的年轻人创造的文明运动将社会文明从一个知识水平引入另一水平。因此，1983 年阿曼国际青年年，皇室颁布了第 31/83 号皇家法令，宣布成立文化俱乐部。

阿曼文化俱乐部与国内外相关部门、机构和科研中心开展合作，通过举办研讨会、讲座、文化晚会，加强各文化领域中知识分子与创作者之间的文化和社会联系，传播文化意识，提高阿曼苏丹国的文化和艺术水平。

阿曼文化俱乐部成为联合国教科文组织世界俱乐部成员

① 卡布斯·本·赛义德，1970 年起统治阿曼苏丹国至今，也是阿曼阿布赛义德王朝的第 14 代传人。卡布斯即位后在国内推行现代化进程，给阿曼苏丹国带来了巨大变化。

后，是阿曼国内教科文组织俱乐部协会的负责机构。为巩固与世界文化组织和中心的国际关系，文化俱乐部已经与阿拉伯和西方国家的许多关注文化思想的研究中心、机构和大学签署了一系列谅解备忘录。此外，文化俱乐部正在领导实施一项专门将阿曼（文学、思想和研究）文章翻译成世界数种语言的国家计划。现在已经有数百篇文章被翻译成英文、德文、俄文、波斯尼亚语文、阿塞拜疆文、乌克兰文、印度文、中文等多种文版，其他文版也正在翻译中。这些文章将在阿曼以外出版，并在当地的文学协会和文化中心举办研讨会，将阿曼文化传向全球。

自 2009 年以来，文化俱乐部为阿曼作家和研究人员等出版了数百本图书，为阿拉伯和其他国家图书馆提供服务，此外还有支持青年、儿童的能力提升计划，所有这些都有助于国家文化传播。

因此，这些文章的翻译是阿曼文化俱乐部为向世界介绍和传播阿曼文化所做的努力之一。我们随时准备支持与作家和学者的合作。我们希望这能为世界文化增砖添瓦，也希望这些文章能够吸引民众。

阿曼文化俱乐部

2018 年 11 月

第一章

文 化 篇

阿曼苏丹国国家博物馆

自大约两百万年前人类在阿拉伯半岛出现以来到今天，阿曼苏丹国家博物馆就是阿曼最著名的文化大厦，是阿曼文化遗产的杰出代表，从中我们看到阿曼的未来充满希望。

阿曼苏丹国国家博物馆是在2013年11月20日（伊历[①]1435年1月16日）颁布的苏丹法令（2013/62）的基础上建立的。因此，作为一个法律上独立的主体，国家博物馆符合古博物馆分类中的国际标准。

为了保护阿曼的历史、遗产和文化，阿曼苏丹国国家博物馆采用了博物馆学科领域最高管理标准，以此巩固阿曼的价值观，激发国民的归属感，提升民众的公众意识，实现其教育、文化和人道主义使命以及在维护古迹藏品及彰显阿曼文明实力等领域的创造力和思想力，彰显阿曼博物馆产业的

① 伊历，即伊斯兰历。公元639年，伊斯兰教第二任哈里发欧麦尔，为纪念穆罕默德于622年率穆斯林由麦加迁徙到麦地那这一重要历史事件，决定把该年定为伊斯兰教历纪元。

愿景和引领作用。

阿曼苏丹国国家博物馆的特色：

一、14 个大厅的展览体验、5500 多个精心挑选的独特展出、43 个交互式数字显示系统。

二、是阿曼第一个拥有符合最高国际标准的博物馆。

三、是阿曼第一个具备预防和保护性维护设施及设备齐全的博物馆。

四、是阿曼第一个利用 UHD 科技建设的试听展览大厅的博物馆。

五、是中东地区第一个采用阿拉伯语盲文系统的博物馆。

六、是中东地区第一个采用开放式仓库系统的博物馆。

愿景

彰显阿曼博物馆产业的愿景和领导力，使其符合国际博物馆最高管理和标准，取得博物馆领域质的飞跃。

发展目标

提高公众意识，激发国内外民众对阿曼及其历史、遗产和文化的归属感；

保存阿曼历史、遗产、文化、艺术等各种形式的景观、物质及非物质宝藏；

彰显阿曼的文明、历史和文化实力；

在博物馆管理、藏品展出、私人活动、游客服务、博物馆教育、研究、出版、公共关系、营销实践以及博物馆安全系统等领域采用最高管理方式和标准。

展厅

阿曼苏丹国国家博物馆占地总面积 24000 平方米，建筑总面积 13700 平方米，固定展厅总面积 4000 平方米。设有 14 个固定展厅，分别是地球与人类厅、海洋历史厅、武器厅、文明成就厅、耕地厅、钱币厅、历史时期厅、乳香[①]之地厅、史前与古代厅、伊斯兰成就厅、阿曼与世界厅、复兴时期厅和非物质遗产厅，展品随着内容和主题有所变化。此外，还有教育中心、维护设施、临时展厅、藏品厅（开放式仓库）、咖啡馆、餐厅和纪念品商店等其他设施。

教育中心

阿曼苏丹国国家博物馆也是阿曼的文化、美术领域内的领导机构，致力于维护阿曼物质和非物质文化遗产，通过各种形式凸显阿曼从史前时期到现在的历史、文化、艺术。

保护和发展阿曼文化遗产是阿曼苏丹国国家博物馆未来的核心任务之一。因此，国家博物馆的教育中心通过各种教

① 乳香一词是因为阿拉伯文称之为“奶”（al-lubán）而来，理由是树脂从乳香木滴出时像乳液一样。乳香产于乳香木，乳香主要产地是索马里、也门、阿曼的佐法尔和哈德拉毛地区。

育课程支持这一任务，以此来提高民众对阿曼文化遗产重要性的认识，激发游客对阿曼古老历史的更多关注。

仓储养护部

仓储养护部负责监测藏品状况、必要时采取养护决策、与有关部门机构协调、确定所需服务并开发科学数据库、监督实验室、关注仓库和维护藏品。该部门也不断加强对馆内私人收藏的管理和维护，关注其状况、外观的完整性，并按照该领域相关规则和条例执行藏品保管与实验室的所有流程，监督馆内藏品或长期、暂时寄存的藏品转移和储存手续，根据工作性质自动、手动记录仓库数据、提取库存品所需表格。除了制定、开展博物馆藏品保存的定期课程外，仓储养护部还开展与访客互动的研讨会和活动，传播藏品修缮及其保护的重要性。

董事会成员

遗产和文化部长、董事会主席，希萨姆·本·塔里克·阿勒·赛义德先生

教育部长、董事会副主席，穆迪哈·宾特·艾哈迈德·西巴尼亚博士

外交部秘书长、董事会成员，巴德尔·本·哈马德·布赛艾迪先生

科研理事会秘书长、董事会成员，希拉勒·本·阿里·哈奈伊博士

国家文件和档案管理局主席、董事会成员，哈马德·本·穆罕默德·多维耶尼博士

英国泰特博物馆馆长、董事会成员，尼古拉斯·西罗塔爵士

俄罗斯联邦冬宫博物馆馆长、董事会成员，米哈伊勒·比特洛非斯奇教授

博物馆工作时间

周六至周四：10：00—17：00

周五：14：00—18：00

入馆门票

游客类型	单人票价（阿曼里亚尔①）
阿曼、海合会②国家公民	1
定居在阿曼的外国人	2
外国游客	5

① 1 阿曼里亚尔约合 17.92 元人民币。

② 海合会，即海湾阿拉伯国家合作委员会，是海湾地区最主要的政治经济组织，成立于 1981 年 5 月，成员国包括阿联酋、阿曼、巴林、卡塔尔、科威特和沙特阿拉伯及也门 7 国。

免票群体

群体类型	备注
官员陪同的国宾、阿曼皇家法院、宫廷事务贵宾	预留充分时间与博物馆管理处沟通，仍需遵守参观时间
（阿曼）正式或非正式代表团陪同	与博物馆管理处提前沟通
旅游团导游、陪同	每个团限一名导游或司机
旅游部批准的旅游向导	出示旅游部颁发的有效证件
阿曼特批酒店礼宾部工作人员、酒店向导	出示证明
阿曼境内博物馆工作人员、董事会成员、联合国下属国际古迹遗址理事会成员	出示证明
通讯社或媒体（电视、电台、报纸）代表	仅限以宣传博物馆为目的
60 岁以上老人（阿曼或海合会国家公民、阿曼定居人员）	出示身份和年龄证件，不适用于外国老年游客
6 岁以下儿童、25 岁以下在校生	无论国籍，出示证明即可
中小学或大学郊游	无论是否提前预约，均免费
提前预约的中小学、大学学生团的带团教师	10 名学生中 1 名教师免费
低保户	出示证明
残疾人	出示证明
残疾人陪同者	每位残疾人限一位陪同者

自然历史博物馆

阿曼地貌类型多样，有沙漠、平原、沙地、山脉与海岸。地质与海洋环境的多样性导致阿曼国内生活着多种陆生及水生动植物。

为展示这种多样的自然环境，1985 年 12 月 30 日，阿曼自然历史博物馆建成并对外开放。在博物馆内，你可以欣赏阿曼的动植物与迷人的自然景观，了解这里不同的自然风貌。展览内容包括仿真自然环境中的真实哺乳动物、

鸟类、爬行动物、昆虫和彩色蜗牛，以及分布在阿曼不同地区的化石标本。

博物馆提供参观者讲解服务，内容包括动植物的生活习性、行为方式以及它们在干旱气候中的生活方式与生存能力，并首次推出全真彩色图片，增加了展出的生动性。

博物馆分四个展厅：

一号展厅

名为“阿曼的不同地形”，也被称作绿色大厅。在这里，参观者可以直接感受阿曼丰富多样的自然环境与气息。展出的精彩图片均由阿曼的人造卫星拍摄。

一号展厅下设六个独立藏馆，展示阿曼六大省份的六种独特自然景观，分别是穆桑代姆省、阿曼北部山区、巴提奈区、内地省、佐法尔省、阿曼各岛。

绿色大厅中心展讲述了阿曼在保护自然资源方面的成功经验。

二号展厅

主题为“阿曼的地质年代”，介绍阿曼自 5.7 亿年前地表出现生命至今的地质变化史，展厅展有真实的化石标本。

展厅外展有阿曼历史上最古老的木化石，至今约 2.6 亿年。这个木化石的细胞满是矿物质和二氧化硅，博物馆入口处的一幅画上记录并注释有这个木化石的惊人历史。

三号展厅

主题为“阿曼陆生动物的多样性”，展示了阿曼的多种陆地生物。在数个陈列馆里展示了各种动物标本，如博物馆的象征物——沙漠猞猁（狞猫属），也是参观者喜欢的阿曼哺乳动物之一。又如阿拉伯羚羊、阿拉伯虎、狼、红狐以及其他地区的啮齿动物，如刺猬、白尾獴。所有展示的脊椎动物都是真实的，因自然死亡或意外死亡后被人们发现后，由专业人员进行防腐处理，制成标本保存。

除了留鸟和季节性候鸟外，参观者还可看到沿海地区、多雨地区、农耕地区的鸟类展览。博物馆为游客提供近距离观察两栖动物和爬行动物的机会，这些动物生活在沙漠、山峰等复杂多样的环境里。

在虫类展区，你可以看到关于阿曼地区昆虫、甲虫、蝴蝶、夜蛾等虫类的总体概览。参观者可以通过昆虫的翅膀平面图感受翅膀上清晰美丽的花纹；通过蜜蜂图解了解这种社会型昆虫酿造蜂蜜的过程。这里还设有蚱蜢、蜘蛛和蝎子等展区，走廊左侧的海洋蜗牛展则展示了阿曼海洋环境的多样性。

参观者接下来还可以参观两个内容丰富的展区，通过水下拍摄图片与真实珊瑚模型，了解阿曼周边的海洋生态。

四号展厅："鲸厅"

通过对这些大型海洋生物生活环境、行为模式、繁殖、觅食的有趣讲解，参观者可以了解在阿曼海域里生活的各种鲸鱼、海豚和鼠海豚，了解它们的声音与发声系统。

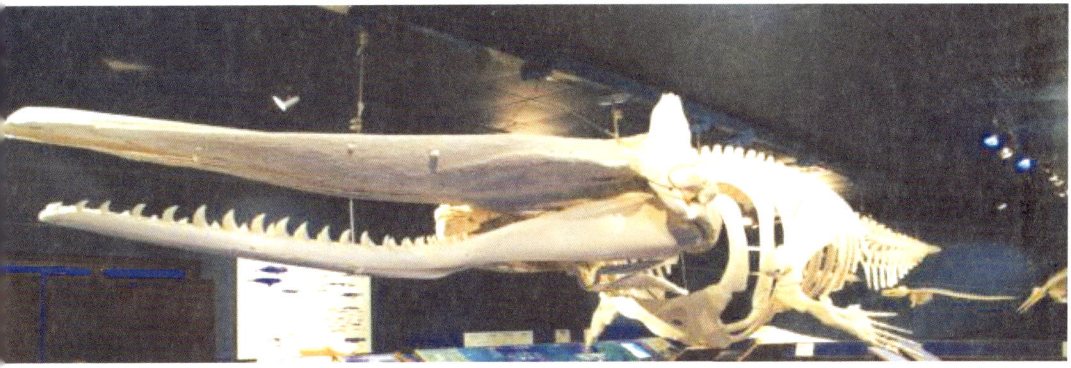

自然历史博物馆的国家级馆藏

除展厅外，自然历史博物馆还有五个科学藏馆，储存了植物、贝壳、昆虫、海生及陆生动物骨架，以及化石标本。

这些馆藏中还有经过精心制作与科学分类的阿曼珍稀野生动物模型，这些模型成为研究阿曼环境多样性的主要参考资源，是各领域科学家、研究员生物研究的文献获取地。

多年来，自然历史博物馆通过记录并保存模型数据，创建了独立的数据库。数据库记录了每个标本的详细信息，包括注册号、来源、获取日期及途径、标本介绍、采样者姓名，数据库还包括“阿曼植物与花草类国家馆藏、阿曼贝壳国家馆藏、昆虫国家馆藏、动物及其大型骨架国家馆藏、化石国家馆藏”五大分库。

更多信息

部门网站：www.mhc.gov.om

电子邮箱：nhm@mhc.gov.om

联系电话：00968 24641374

布莱德考古公园的乳香之地博物馆

乳香之地博物馆位于布莱德考古公园内，对游客和研究人员而言，它是阿曼悠久历史进程的总结。在卡布斯·本·赛义德苏丹领导的文艺复兴时期开始前，这一历史还无法得到科学的研究。乳香之地博物馆记录了 1970 年阿曼各领域全面可持续发展的进程，在和平共处框架下与周边国家和地区的交流互动及在和平宽容的文化理念下与各民族的互惠往来。自 2007 年 7 月 23 日开放以来，该博物馆已成为阿曼的重要文化景点之一，并被列入世界遗产名录，是最具特色的考古公园博物馆之一，这无疑进一步促进了博物馆的发展及其地位的提升。除了完善的管理系统和为参观者提供的讲解工具外，乳香之地博物馆还通过两个主要大厅——海事大厅和历史大厅，对阿曼不同时期的历史加以介绍。

历史大厅以时间为轴，展示了从岩石碑刻与书写时代到原始人出现、铜器时代，以及公元前七千年以来阿曼贸易的发展。伴随着贵金属的贸易往来，阿曼人掌握了造船技术，并与印度（印度河谷）、美索不达米亚等地的古老国家、地区进行贸易。

研究表明，阿曼是人类文明的构成之一。随着原始人在阿曼土地上的流动、定居、农业灌溉系统的发展、铜矿的发现与开采，阿曼人逐渐与古老的世界文明展开商业往来，发展了文字、雕刻、绘画等艺术，这也说明了阿曼作为人类定居中心在不同历史时期的发展。

佐法尔[①]地区在过去很长时间里一直是生产和出口乳香的中心。古时候，乳香被称为神的食物，佐法尔也因众多名称闻名于世：乳香之地、萨兰克之地（即月神的食物之地，也是乳香之地之意）、阿德人之地、邦特之地、沙尔之地，以及萨法尔，斯伦，斯卡利特，乌巴尔之地。同时，佐法尔地区也与法老文明和其他世界古文明间保持贸易联系。

伴随着伊斯兰教的产生，阿曼人接受并皈依了伊斯兰教，并在贸易往来和伊斯兰征服过程中促进了伊斯兰教的传播。阿曼人在语法学、语言学、海洋学和文学方面做出了杰出贡献，他们让阿曼拥有了一个独特的身份，而包容是这一身份的重要特征。

阿曼的历史面貌叙述着它的过往，讲述着阿曼人曾经的历史故事。而当代阿曼，在卡布斯·本·赛义德苏丹的领导

---

① 佐法尔，阿曼的一个省，位于该国最南部，此地的乳香闻名遐迩。

下逐渐崛起，在各个领域实现了质的转变。

海事大厅展示了传统阿曼船只的微型模型，并对阿曼人与大海的关系做了简要说明。阿曼人自古就掌握了航海技术，乳香之地博物馆专为参观者和研究人员提供了了解阿曼悠久海洋历史和海事遗产的机会。阿曼人的海上活动随古代世界文明之间的商业繁荣而兴起，阿曼的地理位置也保障了阿曼居民和大海的密切关系。在捕鱼过程中使用的原始工具，使阿曼各地和海洋连成一体；随着与遥远民族文明的联系以及商业利益的需求，阿曼人的造船技术也逐渐得到发展。航行需要不同的技能，阿曼人学会通过观星、研究太阳和月亮的移动轨迹来确定地理位置，后不断加以发展，从单纯使用肉眼和手指过渡到星盘，再到利用现代设备，如卫星和各种通信设备。在商业中，乳香成为阿曼最重要的贸易品，从乳香之地向世界各地的运输促使了蒸汽机的诞生，船只运输也刺激了西方国家在印度洋和阿拉伯海之间的竞争，并导致奥斯曼舰队海上地位的削弱及阿曼海上霸主角色的衰落。随着复兴时期的到来，阿曼开启了全新历史时期。阿曼人以史为鉴，兴建了现代化港口，收购先进船只，以适应当代需求，全面建设自己的家园。

阿曼苏丹武装部队博物馆

阿曼苏丹国最高命令决定将法拉吉堡设为阿曼苏丹武装部队博物馆，开启了阿曼军事历史上新的篇章。阿曼苏丹武装部队是阿曼军事光荣的继承者。阿曼苏丹武装部队博物馆向后代讲述前辈们用汗水和牺牲实现发展的故事，也记录着当今生活的新时代。在当下的振兴时代里，在武装部队最高指挥官卡布斯·本·赛义德苏丹的领导下，阿曼苏丹武装部队致力于实现阿曼世代光荣及未来崛起。

1988年12月11日，武装部队总司令卡布斯·本·赛义德苏丹亲临法拉吉营地，参加于此武装部队博物馆正式揭幕的盛大庆祝活动。武装部队最高指挥官为纪念牌匾揭幕，宣布武装部队博物馆正式开放。

法拉吉城堡历史简介

法拉吉城堡是阿曼最著名的城堡之一，是由赛义德·本·苏尔坦苏丹[①]于 1845 年（伊历 1261 年）建造的军事堡垒，作为其守备队驻扎地，之后赛义德对城堡做了一些修缮和防御，使其更适合作为他和家人的私宅。1885 年图尔基·本·赛义德苏丹统治期间，城堡又增建了两座大型塔楼，均设有用于炮击的孔洞。

1900 年，费萨尔·本·图尔基苏丹（1888—1913 年在位）将其作为他和家人的住所。之后在 1907 年，法拉吉城堡成为第一军事核心领导总部，即马斯喀特守备军领导总部。

1921 年，法拉吉城堡成为马斯喀特步兵部队总部。1957 年至 1978 年期间成为阿曼苏丹武装部队领导总部。随后，武装部队最高领导人发布最高命令，将法拉吉城堡作为阿曼苏丹武装部队博物馆。城堡见证了不同时期阿曼军事历史、事件，直至复兴时代。

博物馆展厅

博物馆内设有多个展厅，通过图片和历史文献展现了阿曼各个历史时期的故事。其中最重要的展厅有：

1、蒙昧时期的阿曼历史展厅

历史参考文献证实，阿曼最早的居民是亚玛力人。他们是古代阿拉伯人的一个分支，之后居住在这里的是阿曼葛哈

① 德·本·苏尔坦在阿曼苏丹国的执政时间为 1804 年至 1856 年，在赛义德的统治下，阿曼帝国在 19 世纪中期达到了历史的顶峰。赛义德在历史上被称为“赛义德大帝”。

唐部落，该部落用其名字命名了这个国家。马里卜水坝倒塌后，由马利克·本·法赫姆苏丹带领的阿扎德部落来到这里，其他部落也纷至沓来。阿曼在先知穆罕默德时代被称为“古贝拉”，圣训[①]提到过他们，“真主怜悯古贝拉的子民，还没有见过我就相信我。”

2、阿曼与伊斯兰时期展厅

该厅展示了在阿卜杜勒·瓦吉法尔·伊本尼·杰兰迪时期阿曼人民皈依伊斯兰教的过程，其中还有先知穆罕默德及其继任者艾布·伯克尔[②]时期的一些文献和对话记录、向伊玛目萨勒特·本·马利克寻求帮助的索科特拉女人的诗歌，以及许多其他图片和展品。

3、葡萄牙入侵阿曼时期展厅

该厅展示了1507年葡萄牙人开始侵占阿曼后，阿曼人在保卫国家方面的努力和他们在航海、指南针和星盘等航行设备方面的创新以及阿曼海员在航海领域的重要地位。

4、亚里巴王朝展厅

阿曼亚里巴王朝即1624年，伊玛目纳赛尔·本·穆尔希德·亚里巴的统治时期，他是亚里巴王朝最强大的领袖，在其统治时期，解放的信念如阳光般开始普照阿曼，他们奋力

---

① 圣训是伊斯兰教的经典。原意为“传闻”、“传述”，后专指对逊奈（summh）的传述，即对穆罕默德的言行及其所默认的行为的传述。

② 艾布·伯克尔，伊斯兰教史上的第一任正统哈里发，与欧麦尔、奥斯曼和阿里并称为穆罕默德的四大贤配。

摆脱葡萄牙人的控制。

5、赛义德王朝厅

伊玛目艾哈迈德·本·赛义德是统治家族的始祖。1741年，由于他光荣的爱国立场、英明勇敢的领导、在国家统一上的先锋作用，他得到了所有部落一致拥护，当选为阿曼的宗教和政治领袖。

6、阿曼苏丹武装部队历史厅

泰穆尔·本·费萨尔先生于1916年10月颁布了第一部兵役法，其中包括薪金、津贴、奖励、处罚、制裁、退休金等制度。

7、卡布斯·本·赛义德苏丹厅

1970年，在卡布斯·本·赛义德苏丹的领导下，阿曼迎来了复兴的吉祥曙光，从此开始了一个人文发展、福祉广泽、安全繁荣的新时代，阿曼军队踏上了新起点。

8、阿曼苏丹国军队厅

阿曼苏丹军队是国家武装部队中历史最悠久的三大力量之一。阿曼苏丹军队建立于1907年，是一支小型步兵部队，当时称作马斯喀特守备军。随后它在组织和军备方面持续发展，直到1975年12月武装部队取得胜利的那天，得到重新组建，从此被称作阿曼苏丹国军队，卡布斯·本·赛义德苏丹为武装部队最高指挥，并于1987年12月11日向阿曼苏丹国陆军授旗。

随着武器和战术迅速发展，1990年6月，阿曼皇家军队颁布了命令，强调阿曼苏丹国军队必须培养掌握现代武器和战术的阿曼人才跟上这一发展趋势。

9、阿曼苏丹国空军厅

阿曼苏丹国空军组建于1959年3月1日，其核心力量是三架Proves型武装训练机、两架先锋运输机。这些飞机最初在法拉吉的一个小型机场使用。自卡布斯苏丹继位后，阿曼皇家空军获得了期许。经过了扩大规模和提升现代化水准，成为了一支能有效打击任何外来侵略的部队，并能配合阿曼苏丹国军队和阿曼苏丹国海军完成各种任务。

10、阿曼皇家海军厅

阿曼皇家海军于1971年由海岸巡逻队组建而成，巡逻队曾是卡布斯·本·赛义德苏丹领导下的阿曼宪兵队。海军的作用体现在保护国家的领海和海岸，海上行动包括国家所有水域，特别是霍尔木兹海峡，海军在那里采取保护行动，引

导来往商船，保护捕捞区和海洋资源，为公民提供援助。

11、阿曼皇家卫队厅

阿曼皇家卫队的核心组建于 1971 年，原本是阿曼宪兵队的一个小部队，后来成为阿曼海岸军团，阿曼皇家卫队正以稳健步伐向未来迈进，无论是独立行动，还是与卡布斯·本·赛义德苏丹英明领导下的阿曼苏丹武装部队协作，都能出色完成任务。

参观时间

周日至周四：8:00—13:30

周六：9:00— 12:00；15:00—18:00

票价

阿曼公民：儿童免费，成人 500 派沙①

外国人：儿童 500 派沙，成人 1000 派沙

联络与咨询：

电话：00968 824312655

传真：00968 824312440

网址：www.safmuseum.gove.om

邮箱：safmuseum@hotmail.com

① 1 里亚尔等于 1000 派沙。

希斯努·舒姆赫图书馆

一、图书馆概述

2012年8月27日，卡布斯·本·赛义德·穆阿兹姆苏丹下令希斯努·舒姆赫图书馆开馆。作为文化平台和科学学术辐射中心，图书馆为研究人员和学者提供信息服务，促进阿曼的研究教育发展。该馆位于内阿曼地区迈奈赫市，距离首都马斯喀特约250公里。

图书馆收藏了研究人员和学者所需的各种阿文、英文纸质和电子资料，提供一系列办公设施，为研究者获取信息节省时间和精力；并与其他图书馆达成合作，无论研究者身在何处，都可以根据自己的需要享受服务。

二、宗旨与展望

希斯努·舒姆赫图书馆的宗旨是提供涵盖所有科学和人文领域的信息资料，配备高素质工作人员，通过图书资料索引服务，为读者的学习和研究营造良好的环境。

图书馆旨在成为一个学术研究中心，提供丰富多样、覆盖各个领域学科的信息资料，采用现代技术提供适宜的办公设施，创造有吸引力的研究环境，为阅读和使用研究资源提供便利。图书馆还在区域和全球科学研究服务中发挥了主导作用。

三、图书馆大楼

图书馆以现代风格建造，给参观者留下了融合经典和现代的阿曼伊斯兰建筑美感和创造力的印象。

图书馆分为两层，内部面积约 3000 平方米，既有建筑感又有设计感，墙壁上镶嵌着枫木架子，藏品架连续分布在一系列开放式房间内。

阿曼分类书籍有 2 间，参考资料共 6 间，普通资料 12 间，所有房间都装饰着美丽的伊斯兰铭文（阿拉伯式花纹）。建筑中心是可容纳 70 名读者的大型阅览室。12 米长的屋顶开设了 6 个玻璃天窗，与桌子上的台灯一起为大厅提供充足的光线。图书馆被 8 个 9 米宽拱门所包围，大厅洋溢着温暖典雅的氛围。

四、面向群体

鉴于图书馆的性质、藏书的质量和提供的服务，科研人员、大学生、学术机构和医生都可以使用。

图书馆向所有研究人员（教学人员、工程师、医生、法官、律师、图书管理员、教师、技术人员、护士等）开放，也包括大学生和研究生。根据一定规则和手续，图书馆还接待学生团体访问。

进入图书馆前，所有人都要在图书馆系统中注册，在每次访问时获得一张卡片，凭此卡访问图书馆并使用办公设施，包括电子资源和互联网服务设置。

图书馆还向在内地区和马斯喀特省居住或学习的研究人员发放会员卡（每年更新一次），其他省份的居民在填写申请表格后也可以成为会员。

五、馆藏

为方便研究人员获取信息，图书馆馆藏资源按照内容划分大类，有图书类、参考资料类、期刊类、一般书籍类，还有电子图书馆的大量电子资源。

值得一提的是，纸质版藏书超 45 万册，电子藏书超过 14.9 万册，包括各个学科的 2.2 万余册阿英双语学术期刊。

除了 3620 余本阿曼大类图书，图书馆还有 160 多万篇英文电子版大学论文、12 万篇阿文电子版硕士、博士论文和其他丰富的阿曼大学论文。

六、服务内容

图书馆通过专业的工作人员提供即时的高级信息服务：

1. 电子图书馆网站：包括图书馆介绍、藏书和服务，读者可以访问和索引所有电子资料，以及获知各种图书馆准备建设的项目。

2. 电子图书馆目录：便于读者快速找到他们想要的书，通过标题、作者或主题进行简单的搜索和图片浏览。馆内走廊的 8 台触屏计算机可实现电子索引操作。该索引也可在手机应用程序上浏览。

3. 咨询服务：不管是现场还是通过电话、邮件、即时聊天工具或社交媒体上的图书馆网页咨询，读者都可以收到图书馆的回复。

4. 检索服务：这是希斯努·舒姆赫图书馆的独特服务之一。此服务通常提供给无法亲身访问图书馆的读者。通过相关表格确认读者的搜索关键词、需要的图书种类后，馆内专家代表读者搜索数据库，之后书目列表、参考引文模式会被发送给读者以供挑选。随后，文章全文可发送到读者的邮箱或上传到可访问的云存储服务器。

5. 通知服务：通过电子邮件、图书馆网站和社交网站，根据读者的专业和需求，向他们通报最新的信息和服务。

6. 远程电子访问：这是图书馆会员的专享权益，会员能够在任何一台联网设备上搜索所有电子资料，闭馆期间仍能搜索。通过图书馆共享的一些数据库应用程序，会员还在智能终端上实现电子资料访问。

7. 智能手机图书馆应用：读者能够在苹果和安卓系统手机上方便快捷地获取信息并更迅速地使用信息，这一应用既满足了时代要求，又实现了图书馆创立目标。

8.3D 导航服务：该程序利用电子模拟系统，将图书馆建筑转化为模型，便于读者了解图书馆、参观各个虚拟部门、了解提供的服务和图书主题分类。这将有助于帮助研究人员自学如何使用图书馆，大大节约了图书馆工作人员的工作时间。该服务有三大特色：

（1）三维图书馆地图：能够指出图书馆藏书的地点、分区和学术资源的主题索引。

（2）3D 导航：通过使用计算机上的指示灯，访客如同身临其境，可随意上下漫游在图书馆的各个角落和分区。

（3）访问图书馆：在计算机的引导下，访客体验各种阶段：进入图书馆和接待处、注册会员、途径信息服务处、休息区、阅览室和办公设施。同时，图书馆建筑侧面图和访客所在位置都在电脑屏幕上显示。

9. 培训和营销服务：与其他机构协调在图书馆内外举办讲座、培训班和展览等，为图书馆和信息专家组织研讨会，培训寻求研究资料特别是电子资料的研究人员。此外，图书馆通过工作人员与各个领域的专家合作，提供培训项目。

10. 馆际互借服务：通过此项服务，图书馆希望与其他区域和国际图书馆搭建合作桥梁，通过赠送或购买方式向读者提供图书馆内暂缺的图书资源。

11. 计算机和互联网服务：图书馆大厅配备了 24 台联网计算机，装有所需的软件。除了馆内分散的互联网接口可以接入研究人员笔记本，图书馆还提供覆盖全馆的无线网络服务。

12. 复印、打印和扫描服务：这是图书馆向读者提供的一项便利，为合理使用设备和纸张，象征性地收取一定费用，读者可自助使用。图书馆还提供免费扫描服务。

13. 残疾人设施：图书馆大楼和内部电梯的便捷通道考虑了具有特殊需求的读者。

开闭馆时间

周日至周四：9:00—16:00

星期五：全天闭馆

周六：10:00—15:00

联系方式

网址：www.hsl.om

邮箱：hsl@rca.gov.om

脸书：www.facebook.com/hslib

推特：http：//twitter.com/hsl_om

Google +：www.gplus.to/hslib

YouTube：Hisn A’shumookh 图书馆频道

电话：00968 24413731

传真：00968 25413799

阿曼苏丹卡布斯大清真寺

卡布斯·本·赛义德苏丹

在卡布斯大清真寺剪彩仪式上的致辞

2001 年 5 月 4 日（伊历 1422 年 2 月 10 日）

首先，我们对于各位贵宾的到来表示最热烈的欢迎和敬意。很高兴见到各位，也对各位能出席此次典礼深表荣幸。在这一喜庆时刻，我们齐聚一堂，共同庆祝卡布斯清真寺的落成。我们怀着敬畏之心庆祝清真寺顺利竣工。

尊敬的各位来宾，清真寺是令人崇敬的场所。人们在清真寺里行五功之一的祷告，清真寺四壁刻着《古兰经》经文，圣训也被不断吟诵，指引正道，教授知识与科学。真主号召众人建设清真寺和朝拜。他在《古兰经》中说："只有笃信真主和末日，并谨守拜功，完纳天课，并畏惧真主者，才配管理真主的清真寺。"[①] 自从使者穆罕默德出走麦地那时，清真寺就发挥了巨大作用。这里培育了先知穆罕默德的第一批圣

① 出自《古兰经》第九章（忏悔）第 18 节经文。

门弟子，他们身负宗教使命，在真主的指引下带领人们从愚昧走向光明。清真寺作为科学和思想的传播源头，在伊斯兰各领域和不同朝代一直发挥着作用，对社会生活各方面都产生了深刻影响。因此，它不仅仅只是一个礼拜场所，也是一个大型学术殿堂，在传播科学文化中发挥着独特作用。因此，我们决心要将这座大清真寺建设成一个文化和思想的中心，为继承伊斯兰传统、弘扬民族文明价值观、提升民族事业水平、继承经典做出贡献，我们愿紧跟人类在各领域的发展步伐，为实现远大目标不断前进。我们已经为这座宗教与文化殿堂的发展打下了必要基础，相信已经铸成了坚实的规模，相信它在社会中将实现应有功能，以清醒敏锐和先进思想发挥更大的作用。

祈求我们实现夙愿，突破苦难，跨越障碍，坚定不移地扎实完成工程。让我们共同祝愿，大清真寺开放那天将是阿曼和伊斯兰全民族新的历史起点。

谢谢大家！

卡布斯大清真寺介绍

1992 年（伊历 1412 年），卡布斯·本·赛义德苏丹发布决定，在阿曼修建一个最大的清真寺，这不仅为了提供礼拜祷告场所，更要建设一个在宗教、学术、文化上与伊斯兰教精神、伊斯兰文化历史传统进行互动的中心。

卡布斯大清真寺全景

清真寺的起源与麦加的建立相伴，长期以来随着伊斯兰文明发展不断巩固，印证了这些建筑在伊斯兰各个朝代的重要作用（包括大马士革的倭马亚清真寺、安达卢西亚的科尔多瓦清真寺、伊拉克的萨马拉清真寺、突尼斯的凯鲁万清真寺）。这些建筑都推动了学府的建立，在提高和发展伊斯兰城市中心的科学、宗教、世俗、学术和艺术常识中扮演了极为重要的作用。

1992 年（伊历 1412 年），在国王陛下的指示下，各地的清真寺设计大赛项目提交到马斯喀特皇家法院。来自阿拉伯和国际的顾问团队竞相要求为卡布斯大清真寺项目设计提供建设规划。最后，建筑工程师穆罕默德·萨利哈·马基亚的建议被采用，与四方设计（Quad Design）及其伦敦和马斯喀特中心共同完成设计。他们做出的设计规划将伊斯兰建筑精华、国际现代化风格、建筑需求、当代与未来感设计完美融合在一起。1995 年（伊历 1415 年）清真寺开始动工建设。2001 年（伊历 1421 年）项目完工，建筑共耗时六年之久。

清真寺选址布沙尔镇，靠近连接西布镇和首都马斯喀特的道路，从城郊和市中心都能便捷抵达。清真寺与高速公路直接相连，联通马斯喀特与中部省、内地省城镇，南邻皇家医院、北接苏丹卡布斯大街、西面大街连通戈拉、东部紧邻居民区。

清真寺临近苏丹卡布斯大街的一侧长达 100 米，南北纵

清真寺入口拱门

深885米，总面积（包括通道和植被）41.6万平方米。整个清真寺面朝麦加，坐落在一片开阔的土地上，高出地平面1.8米。这一设计保留了早期麦地那传统清真寺建筑高于居民区，也高于谷地和商业区的基本建筑原则。

清真寺占地总面积约4万平方米，主入口位于南走廊。建筑南面有凸出的石梯，不占用任何内部空间。该区域的三个入口经过三个不同通道到达地面建筑群，每个入口都与庭院相通，而庭院与南侧厅拱廊相连。

中心入口和庭院位于总体布局的中轴线上，三个独立的拱门群是建筑群的起点，矗立于北门廊中央高达91.2米（300英尺）的宣礼塔是终点。主入口东西方向坐落着两个次入口，

内庭院马赛克花纹的圆顶内部

所有入口通往外庭院，南北侧厅之间的庭院占地 2.44 万平方米，壁龛墙连接的庭院西部、花园东部均为开放式设计。

清真寺与周围的地面分割由庭院地砖开始。主礼拜厅位于庭院西部，外部大小为 5535.36 平方米，其中心圆顶距地面 50 米，它与主宣礼塔构成了城市中一道独特的风景。主礼拜厅东部是女士礼拜厅（面积 558 平方米），作为主礼拜厅通过内庭院（面积 1350 平方米）的延伸，与礼拜厅入口庭院相连。围绕着内庭院和女士礼拜厅的是几个拱形侧厅和六个标志正门入口的圆顶。

主礼拜厅可容纳 6500 多名礼拜者，女士礼拜厅可容纳 750 人，外庭院可容纳 8000 人，还有内庭院、侧厅等。清真寺一共可容纳 2 万名礼拜者。主礼拜厅外部使用奶油白色(偏黄）沙石，区别于侧厅墙面和其他设施使用的浅紫色石头，颜色的区别同时也实现了朝拜区域、礼拜厅周围的侧厅、活动区间的安静转换。石头开采自印度的天然采石场，后在马斯喀特进行了打碎、修理、打磨和雕刻。

南北侧厅是朝拜区与其他设施的过渡空间，每一侧厅内部长 221 米。作为五个连续拱门的开阔空间的隔断，三大入口拱门与之相互交叉。侧厅天花板由一系列几何圆顶组成，其设计灵感来自阿曼东部地区国家清真寺的穹顶。每个穹顶顶部都有一个四方通光孔，让阳光照亮室内。

南侧厅包括一系列功能设施，如位于侧厅东角落的图书

清真寺礼拜厅周围庭院

馆（藏书 2 万册，涵盖各学科知识、伊斯兰文化和人文学等领域）、侧厅西角落的会议厅（可容纳 200 人）。盥洗室位于庭院和大厅中部，靠近外庭院相邻侧厅。

侧厅可以看作是清真寺建筑的安全围墙，以高 45 米的四大宣礼塔为终点，划定了清真寺的边界，侧厅东西两面通往花园和圆形剧场，增加了清真寺的建筑包容性以及与周围的视觉延伸。

清真寺内的五大宣礼塔代表着伊斯兰教的五功，高大的主宣礼塔和礼拜厅圆顶是清真寺建筑的两大基本元素。雄伟的白色墙壁将一组拱门、镂空小窗和主礼拜厅正门立柱连接

清真寺外庭院侧厅

起来。这些立柱除了作为类似于传统气象观测仪、本地建筑常用的通风设备，还有着结构上的功能。圆顶上覆盖着一层相互交错的金丝线，透过外圆顶的透明构造，装饰着金色马赛克石头的第二层圆顶展现在世人面前。

主礼拜厅墙壁上还有伊斯兰建筑风格的阳台，并融入了阿曼城堡的样式。正面墙上是壁龛（米哈拉布[①]），这是阿曼

① 米哈拉布，是阿拉伯语音译，意为“凹壁”、“窑殿”，西方译为“壁龛”，是伊斯兰教清真寺礼拜殿的设施之一，设于礼拜殿后墙正中处的小拱门，朝向伊斯兰教圣地麦加的克尔白，以表示穆斯林礼拜的正向——基卜拉。

清真寺设计中正向（克尔白[①]的方向）墙壁的传统特点。壁龛三面封闭更突出正向墙的动态感，壁龛突出的半圆形顶形成中央圆顶。正向墙是苏丹的通道（壁龛南面）、伊玛目通往讲坛的入口（壁龛北面）。

主礼拜厅有三大中心入口，分别设在东、南、北三面。每个入口包括一个拱形前厅和由三个拱门组成的正门。建筑的每个角落都有 4 个独立的门。

入口东券廊与庭院相连，作为礼拜厅主入口，每个券廊都有以马赛克装饰的几何纹样小窗。礼拜厅木制大门的雕刻设计使用了大量的伊斯兰花纹，每扇门上都刻有苏鲁斯字体的《古兰经》经文。连接内庭院和女士礼拜厅的木雕门后面，是一个饰有彩色玻璃的阳台，突出了礼拜场所的统一性。清真寺还为女士礼拜厅设有专门入口。

内庭院和女士礼拜厅的顶部有 6 个圆顶内衬，与相接的拱门天花板类似，都嵌有几何形状的马赛克装饰。

外墙只限于采用几何和植物图案的雕刻装饰、苏鲁斯字体的《古兰经》经文，墙上分布着众多小孔，石窗上带着几何和植物图案，雕刻着精美的铭文，增加了装饰的厚重感，使得美感从外部空间逐渐深入肌理。礼拜厅的玻璃窗用彩色的几何和植物图案装饰，石阳台朝南。在阳台下方有一排实

① 克尔白，阿拉伯语意为“方形房屋”或称卡巴天房、天房等。沙特阿拉伯麦加城禁寺中央的立方形高大石殿，为世界穆斯林做礼拜时的正向，又称“天房”。

清真寺南侧厅盥洗室

心拱门，浮雕装饰画的外框嵌入墙壁内。礼拜厅墙壁顶部有一条苏鲁斯字体的《古兰经》经文，一直延伸到内庭院，这种线条流动带来的柔和力量，把墙壁与天空融合在一起。

清真寺的侧厅拱门全部采用伊斯兰几何装饰，《古兰经》经文在拱门上随处可见。这一艺术形式体现在所有的主要入口拱门上，根据建筑元素的不同重要性和地位会采用不同装饰，各自对应着《古兰经》的不同经文。真主的名字刻在侧厅正面拱门上（南北侧厅、内庭院、女士礼拜厅东入口），所

清真寺北侧厅

有名字都以公文字体雕刻而成。

中心宣礼塔大厅的南面刻有“真主至大”字样和鼓励进行祷告的箴言，北面入口刻着清真寺的名字。拱门南北两面刻满了《古兰经》经文，宣礼塔8个方向都刻着苏鲁斯字体的真主名字和赞辞。

清真寺东面是花园，依照伊斯兰花园设计传统风格，花园中有假山建筑，绿化一直延伸到南面，花园尽头建有一个带庭院、门廊和伊万的建筑，中间是一个底部为大理石砌成的游泳池，水流从建筑内部流到花园中心。

清真寺主礼拜厅墙壁全部镶嵌着白色和深灰色大理石。墙壁由实心格子组成，每个格子里镶嵌着一幅几何样式的植物陶瓷壁画，大多是萨法维[①]艺术风格。大厅设计为开放式设计风格，四根大立柱支撑起内部圆顶结构。与南北墙平行的是通往礼拜厅的券廊（侧厅），白色和灰色大理石将拱门连接起来，体现出马穆鲁克[②]建筑装饰风格。拱形壁龛位于正向墙上，如同一件纯粹的艺术作品。墙壁内嵌有回文状雕饰和宝石，为使壁龛能容下两个壁孔，墙壁的深度经过反复设计，刚巧能容纳。内部小窗与壁龛结构相互交织、错落有致地排列。壁龛上的画像和伊斯兰风格装饰镶嵌着陶瓷、回文状雕饰。壁龛由《古兰经》经文和瓷器拼成的镀金线条围绕而成。

侧面墙壁镶嵌着各种颜色的玻璃小窗，其设计与墙壁风格、模式、装饰相呼应。内部所有建筑元素都体现了伊斯兰艺术和工艺的经典，同时融入了当代形式。这一风格的最好表现就是礼拜堂内圆顶和地毯设计工艺，每件都是浩瀚独特的艺术工程，无论从设计、创造、还是建筑施工，都是不小

① 萨法维王朝（公元 1501—1736 年），是由波斯人建立统治伊朗的王朝，萨法维时期是伊朗艺术史上一个辉煌的时代。

② 马穆鲁克，又音译为“马木留克”建筑。马木留克（公元 1250—1517 年）统治期间代表了伊斯兰艺术的繁荣，在老开罗就尤为明显，其建筑多应用了明暗对照法和斑驳的光效。

的挑战。

圆顶采用了一系列回文状雕饰，构成条状的几何形状，与特殊的大理石柱相交叉（带尖拱），所有元素都镶嵌着瓷器。弯曲拱形的大理石条采用大圆顶结构，通过与外圆顶相连的建筑结构，隐藏支撑起内圆顶的铁架。

陶瓷的设计制作由伊斯法罕和德黑兰的传统手工艺人完成。他们将墙砖、不同的几何元素以独特尺寸比例组合在一起，在马斯喀特的作坊或清真寺内完成。礼拜厅的墙上、拱门高处和天花板下方都镶嵌着苏鲁斯字体的《古兰经》经文，深蓝色和金色的瓷片组成一条装饰带。讲坛用大理石雕刻而成，紧贴正向墙壁，与礼拜厅（右侧）墙上小窗相邻。

地毯

清真寺内部设计元素之一是波斯地毯，铺在礼拜厅地砖上，其长度超过 70 米，宽度超过 60 米，面积达到 4262 平方米，地毯编织有 18 亿个绳结，重达 2.1 万公斤，每 7.5 厘米便会打一个绳结，而地毯柔软、能用细长的纺织打结正是因为绳结的质量好。工厂和地毯制造商花费了 4 年时间，其中 10 个月用来设计、准备丝线、款式和编织用的特殊羊毛，编织工序则历时 27 个月，还另外花了 5 个月时间进行收尾、剪裁和手工清洗，之后缝合、矫正、地毯边缘的缝制过程则在礼拜厅内殿完成。包括内殿及相互连接部分的编制地毯共有 57 块。

主礼拜厅内的精美地毯

清真寺内的地毯在马什哈德省内沙布尔地区（位于伊朗霍拉桑省东部）缝制，由600名专业女工在设计、纺织地毯专家们指导下一起缝制而成。地毯用高质量的羊毛、长棉线（经线）和宽棉线（纬线）编织而成。经线在纺织时要被浸湿，这样可以使纺织结构更坚固，承载力更强。地毯中央的设计与伊斯法罕的拉提夫拉谢赫清真寺圆顶的装饰设计相呼应，并根据卡布斯大清真寺穹顶尺寸和大厅尺寸进行了调整。

地毯边缘保持了分叉，以适应侧厅内部和中央、厅边柱子的角度转换，地毯其他部分画上了丰富的花叶装饰，带有苏菲艺术风格及清真寺整体建筑风格特点。每朵花从结构和编织上都具有独一无二且珍贵的设计价值。总的来说，地毯在编织、设计上融合了伊朗大不里士、卡尚和伊斯法罕的传统风格，运用了 27 种不同颜色，这些颜色多取自植物染料，其中红色提取自植物根部，蓝色提取自蓼蓝，奶油色（白色、米色、淡黄色）提取自石榴、核桃果皮以及葡萄叶。

照明

主礼拜厅灯架（共 35 架）特地选用了施华洛世奇水晶和镀金金属。主灯座从圆顶顶部垂下，高 14 米，直径 8 米，共包括 1122 盏灯，钢制外形重 8000 公斤。

女士礼拜厅

女士礼拜厅的设计风格与相邻的内庭院、清真寺总体建筑风格协调统一，主礼拜厅设计繁复辉煌，这儿的设计显得相对温和。墙壁由特意打磨过的粉色（康乃馨色）石头修建而成。墙上嵌有各色大理石，这些大理石以单一或组合形式排列着，改变了表面原有的平整纹理，产生出明显的浮雕效果。墙壁与天花板相接处雕刻着一圈苏鲁斯字体的《古兰经》经文。天花板是木质的，其图案设计和颜色跟地毯颜色协调，呈深铁锈红色（或红黏土色）。每间祷告室的地毯按规则排列，代表阿曼传统纺织工艺的蓝白装饰将不同地毯分隔开。

女士礼拜厅通往阳台的门上装饰着艳丽多彩绘画的玻璃，风格与其他装饰、雕刻类似；礼拜厅内部9盏奥斯曼风格的枝形灯架由奥斯曼水晶制作而成。

内庭院墙面由白色大理石砌成，引人注目。侧厅拱门镶嵌着马赛克。外墙的实心拱门、庭院四周墙壁上方的《古兰经》经文都彰显着建筑的辉煌。庭院适当的比例营造出安静的氛围，可活动的遮阳伞随处可见，为人们在露天环境下提供了一丝阴凉。

清真寺内的图书馆和会议大厅的内部设计来源于总体建筑样式，同时墙面、天花板、多彩玻璃阳台的装饰和几何元素也从阿曼建筑风格中汲取了灵感。会议厅天花板采用传统石膏雕刻装饰，图书馆多用几何图案装饰，而会议厅则更偏向植物或树叶装饰。大门和活动屏风都由坚硬的枫树制成，表面上再涂一层封油。

南北侧厅

侧厅包括12个厅，每个厅的窗户都有着独特的建筑风格。

北侧厅包括（依次从西到东）阿曼苏丹国和半岛艺术馆、奥斯曼艺术馆、叙利亚和埃及王朝建筑艺术馆、摩洛哥瓷砖艺术馆、两河流域和古埃及艺术馆以及很早就开始流传的拜占庭艺术馆。南侧厅大厅（依次从西到东）分为希贾兹地区[①]艺术馆、印度伊斯兰艺术馆、中亚台木尔艺术馆、伊朗萨法维艺术馆、现当代伊斯兰艺术馆以及艺术作品。

侧厅壁孔由各种纯色大理石、镶嵌着宝石的印度白色大理石、马赛克、陶瓷、釉面砖、现代化瓷砖、亮面瓷砖装饰而成，所有都来自于材料原产地的纯正手艺。

修建清真寺的材料、工艺都是经过反复调研后在其原产地确定的，现代化的国际设计来自于对清真寺建筑艺术细节的创新发展，建造和装饰风格的高技术标准保证了建筑的建设质量和艺术水准。

为满足宗教、文化活动的需要，现已建立了一所伊斯兰科学学院。学院位于清真寺建筑群南部一座独立建筑内，配有专门的教学设施。

伟大的苏丹在工程各个阶段都对施工队伍给予了高度关注，不断作出指示，希望卡布斯大清真寺能成为一个与伊斯兰传统文明互动的杰出建筑。

---

① 希贾兹，又称“汉志”，位于沙特阿拉伯王国西部沿海地带。这一地区是伊斯兰教和早期伊斯兰文化的发祥地，因境内有麦加和麦地那两座伊斯兰圣城而闻名于世。

附：阿曼苏丹卡布斯大清真寺建筑尺寸信息

占地面积	93.3万平方米
建筑面积	41.6万平方米
中心清真寺地基面积	3.984万平方米
地基尺寸（不包含外部道路）	240米×166米
清真寺主礼拜堂	外部面积744747平方米 内部尺寸61×71米 祷告室使用面积0.4万平方米 外部第一层高度16.7米 外部第二层高度19.3米
大厅天花板内部高度	拱门表面第一高度14.65米 木质天花板第二高度16.15米 至穹顶的高度23米
圆顶	圆顶最高处离水平面距离50米 除去新月顶的圆顶高度42.85米 到圆顶底部高度40米
内庭	庭院总面积1941平方米 庭院外部尺寸50米×37米 庭院内部尺寸36.7米×19.5米 内庭院面积730.3平方米
女士礼拜堂	礼拜堂外部尺寸31米×18米 礼拜堂总面积558平方米
入口庭院	庭院尺寸21.5米×17.6米 总面积378.4平方米
外庭院	总面积2.33万平方米 地基距地面高度1.8米
南北侧厅	外部尺寸237.2米×6.5米 内部尺寸221米×4.8米 外墙高度8米 内墙高度7米
中心宣礼塔	最高处离地面高度91.5米底座周长10.9米
四大宣礼塔	最高处离地面高度45米
图书馆	三层（藏书2万册）

杰拉里堡

杰拉里堡是一座位于马斯喀特老城的城堡，位于马斯喀特海湾东部港口的一座山上，面向群山环绕的海湾，海湾西侧是与杰拉里堡并称为“双胞胎”的密拉尼堡。杰拉里堡于公元16世纪葡萄牙人占领阿曼时期建立。

城堡以砂石建成，包括两座港口联防塔和封闭式城墙，壁上列有两行半圆形孔洞，每行8个，用于发射炮弹，城墙绕城堡一周,形成长方形的内部广场,墙内是大小各异的院落,在城堡背面的围墙处另有一处圆形防御塔。

城堡南侧建有高高低低的塔群，并修有80级石阶通道，由城墙根直通山脚，它曾是进出城堡的唯一通道，不过最后一次翻修城堡时，在它的对面又修了另一条通道。

杰拉里城堡的地基建在火山岩中，城堡较宽一侧沿海而建，南面塔楼面向内陆，北面塔楼朝向海洋。大型炮排沿海岸设立，6个为铁制，剩余为铜制，东北角曾建有塔楼，配有 3 个炮台，用于轰击由此方向进攻的船只。围墙边还建有楼梯，通往不同的平台和场院。城堡中还有石筑的水池，用于储藏雨水。

1507 年（伊历 913 年），葡萄牙人在阿丰索·阿尔伯克基带领下第一次侵占马斯喀特，他们在海湾处建立了全方位的防御建筑。据考古研究表明，杰拉里堡的最终形态于 1527 年（伊历 934 年）确定，当时葡萄牙人在两座主要塔楼之间还修建了围墙。

有文献表明，城堡的名字在以前被误读成“杰瓦屋堡”，因为当时葡萄牙领导人的名字是杰瓦。另一些文献表明，城堡的名字是由“贾拉勒”（尊贵）一词派生而来，代表着崇高、庄重与肃穆，表明了城堡的重要性，体现了建造师的稳重大气。

当时西班牙和葡萄牙的统治者国王菲利普二世委托意大利建筑师乔瓦尼·巴蒂斯塔重新建造了两座城堡，即杰拉里堡和密拉尼堡，这位建筑师曾在印度洋海岸边建造了重要的葡萄牙城堡，其中包括蒙巴萨的耶稣城堡。

1588 年（伊历 997 年），贝尔彻尔·阿尔瓦雷斯主持的杰拉里堡工程完工。大约 40 年后，即 1633 年（伊历 1043 年）左右，葡萄牙印度总督任命迪诺罗尼亚·多姆·米格尔为城堡设防，将马斯喀特的守备队和仓库都从密拉尼堡迁移至杰拉里堡。之后在 1626 年（伊历 1036 年）和 1627 年（伊历 1037 年），在弗莱雷·安德拉德·鲁伊领导下，在马斯喀特港口增加了防御工事，在海湾入口处两侧增建了两座防御塔，并建造了两座平台用来发射大炮，在穆卡拉湾附近西侧岩石上设有 7 座大炮，同时在马斯喀特岛斜坡东侧岩石上建有另一座基地，靠近杰拉里堡附近。

1650 年（伊历 1060 年）左右，雅鲁卜王朝伊玛目苏丹一世·本·赛义德发动进攻，解放了被葡萄牙占领的海岸，并从葡萄牙手中夺回了政权。1749 年（伊历 1163 年），赛义德王朝伊玛目艾哈迈德·本·赛义德在波斯人侵占近一个世纪后，从波斯人手中夺回了政权。赛义德·本·艾哈迈德将城堡进行翻修，扩大了面积，将其设为自己的官邸。在赛义德三世·本·泰穆尔统治后期，城堡被用作监狱。1980 年（伊历 1400 年）阿曼文化与民族遗产部对城堡进行修缮，在其基础上建造了武器博物馆。

密拉尼堡

密拉尼堡是位于马斯喀特省马托拉区的一座城堡，建立于 1507 年（伊历 913 年），正是葡萄牙在阿丰索·阿尔伯克基带领下占领马斯喀特的时期。1522 年（伊历 929 年），葡萄牙国王派遣唐·若昂·达利斯波来马斯喀特修建防御工事，以对付奥斯曼帝国军队在印度洋东岸对葡萄牙军队发起的进攻。密拉尼堡在位于西角的建筑上动工兴建。城堡的修建一直持续到奥斯曼帝国海军上将皮尔·里斯发动进攻时，才被迫停止。

密拉尼堡竣工后，当时西班牙与葡萄牙统治者菲利普二世国王向驻印度果阿的代表下达命令，重建两座相邻的堡垒并增加设防，责成意大利建筑工程师乔凡尼·巴蒂斯塔·卡伊拉泰对杰拉里堡和密拉尼堡重新进行设计。这位设计师曾设计过印度洋海岸的其他葡萄牙城堡，如蒙巴萨的耶稣堡。

重新设计工作一直到 1578 年（伊历 996 年）结束，在海平面与距离地基岩石 15 米左右的高度都增设了防御设施。人们在城堡内门中发现了一份古老的葡萄牙语手稿，上面记载了 1577 年（伊历 997 年）葡萄牙王冠的授予、葡萄牙的印度总督、城堡第一任领主等情况。

葡萄牙人曾将密拉尼堡称为“卡伊德堡”，因为这里曾是守备军首脑的驻扎地，而“密拉尼堡”这个名字有一种可能是由葡萄牙语“almirante”而来，有海军上将的意思，另一种可能是源自于“almirani”这个人名，他是一名波斯将领，在 1737 年（伊历 1150 年）占领了马斯喀特。

城堡在公元 17 世纪初期得以加固，增设了一些架设步枪的平台，随后又围绕堡垒建立了一些瞭望塔。马斯喀特城门博物馆的展品中有一份 1710 年（伊历 1019 年）留存下来的旧图纸，题为“海上密拉尼”，展示了密拉尼堡西角被围墙式建筑半包围，上有 3 个架设大炮的宽大平台，第一座平台在南边末尾处，上有 4 座大炮；第二座平台在东面，上有 5 座大炮；第三座平台在北方海平面上，上有 6 座大炮。堡垒中心包括两座白色建筑，另在南北两角分别建有两座斜塔用于守卫。通过这些细节可以确定这幅图纸由驻阿曼的西班牙大使于 1710 年（伊历 1019 年）记录。

葡萄牙总督驻地曾设在密拉尼堡，分为两层，还有一座石头砌成的塔楼，士兵们驻扎在大兵营里，城堡蓄水池有一个大的蓄水层，东面有一座小型圆顶教堂，据记载，它是海湾地区重要的基督教建筑之一。历经多次修葺，仍然得以保留至今。

1650年（伊历1060年），伊玛目苏丹本·赛义夫一世·亚里巴从葡萄牙手中夺回杰拉里堡和密拉尼堡。经过一个世纪后，伊玛目艾哈迈德·本·赛义德又从波斯手中夺回两座城堡。1754年—1756年（伊历1167年—1170年）艾哈迈德伊玛目统治期间，密拉尼堡在瓦力赫·哈勒丹·本·阿卜杜拉的监督下重建。

密拉尼堡的炮台在和平年代也曾投入使用，这是为了向来到港口参访的重要人物致意，或者向那些不顾禁令，企图在日落后进港的船只发出警告。炮台每天日落时发射三炮，来宣告一天工作结束以及城门关闭。1971年—1975年（伊历1391年—1395年）期间，葡萄牙驻阿曼大使唐纳德·霍利曾提议在密拉尼堡前装设大炮，并用旧炮台发射来致以正式问候，这一传统一直持续到1973年（伊历1393年）。

20世纪70年代，为了建设新的通道，通往穆卡拉海湾沿岸向西不远处新的海上基地，步枪台被撤除。

1932年—1970年（伊历1350年—1390年）赛义德·本·泰穆尔时期，密拉尼堡曾被用作监狱。1980年城堡重新修缮后，成为阿曼皇家军队的驻扎地。

巴兰达之屋

巴兰达之屋位于阿曼首都马斯喀特省马特拉赫市，是阿曼的地标之一。巴兰达之屋坐拥阿曼湾，它建成已有百余年，与周边环境相得益彰。这正印证了它所兼具的传统元素与现代的开放性。巴兰达之屋见证了马斯喀特建立伊始直至今日的历史。巴兰达之屋通过科学互动方式，借助多种现代化展示手段，展示内容覆盖教育、教养、文化、旅游等方面，对阿曼的公民、定居者和游客中的学生和有心人士极具吸引力。

巴兰达之屋也是马特拉赫市的古老建筑之一，为使其重新成为阿曼首都的特色地标，马斯喀特政府不遗余力地对它进行修缮，以使其成为马斯喀特古代生活的档案馆。巴兰达之屋覆盖不同历史时期的方方面面，为马斯喀特的历史名胜增添了浓墨重彩的一笔，照亮了这座城市的古老历史。巴兰达之屋位于马斯喀特市旁的马特拉赫市，装修后重焕生机。

自 2006 年 12 月开放后，它成为旅游景点，迎接着每一位来到这座古城的游人。

巴兰达之屋并非传统意义上的博物馆或旅游中心，它兼具二者特性，通过不同展区记载了马斯喀特建设过程中的不同历史时期。

巴兰达之屋记录了马斯喀特从地壳运动形成地质时期到恐龙出现，再到一万年前首批人类定居点建成，经过定居活动更迭，再到古代阿曼经历的不同历史时期，再到马斯喀特一词首次出现在地理学家和旅游家的著作中，最终到赛义德王朝兴起、现代国家建立。随着伟大统治者、领导人卡布斯苏丹登基，马斯喀特复兴的曙光初现。

巴兰达之屋的独特性还在于其选址的地点。马特拉赫市有诸多吸引人的旅游元素，如深受阿曼国内外游客欢迎的传统集市、吸引大批国外游客的鱼市、位于山顶的马特拉赫历史城堡，它面朝卡布斯港，游客可步行往返两地。

一、关于巴兰达之屋

巴兰达一词源自拉丁词语 Veranda，意为阳台，这间屋子的命名出自大厅正面的长阳台。该建筑也被称作“纳西卜屋”，因为它是由商人纳西卜·本·穆罕默德在公元 19 世纪末建造的，作为他的第二住处，但他并未居住于此。

多年来，巴兰达之屋在不同人手中呈现不同模样，直到今天，它经过修缮后开放成为阿曼苏丹国的旅游景点。管理员保留了房屋内部样式,由房间和大厅组成,房间被作为展厅，呈现了阿曼，尤其是马斯喀特所经历的不同历史阶段。

二、巴兰达之屋的历史

巴兰达之屋建成于两个主要历史阶段。房门顶部刻有时间 1931 年（伊历 1350 年），是房屋前半段建造时间。1909 年美国使团租用它作为诊疗所，直到 1933 年马特拉赫市拉赫曼医院建立。由于当地人传言这间屋子住着精灵，所以之前只有外国人愿意在这里居住。直到 1952 年哈吉·阿卜杜·里达租下它，一家人在这居住到 1967 年。1972 年，英国文化协会租下该建筑进行修缮，将大厅建为图书馆、办公室等场所，以便在这里进行研究。1979 年，巴兰达之屋提名阿卡汗建筑奖。

1983 年至 1989 年期间，恰克·布里格尔工作室租下该建筑用于建筑咨询。之后阿曼遗产文化部对其进行维护和修缮，2004 年马斯喀特省政府接管了它，将其建为马斯喀特历史博物馆，2006 年开放。

三、巴兰达之屋的布局

（一）大厅

1. 板块构造论展示厅

巴兰达之屋的大厅中，我们可以欣赏大陆运动和板块构造的画面，它记载了一亿五千万年前，即大西洋存在前的历史。我们将看到板块碰撞的不凡瞬间，看到科学家对 7.5 亿年前地球环境的构想、现在阿曼的环境面貌以及对 2.5 亿年后环境的预测。阿曼地质极其独特罕见，来自古代“提多洋”的海洋地壳并没有消失在大陆下，而是覆盖于阿曼土地，不断上升后形成阿曼山。地理学家从世界各地来到阿曼苏丹国，研究岩石和在大洋底部无法抵达的深处形成的各种生命。阿曼山形成过程中，从地面上升起的除了海洋地壳，还有巨大的石灰岩和整座岛屿，因此阿曼山具有独特而多样的地质面貌。当你走在布斯坦地区和巴尔吉萨间的道路上，就可感受到这种多样性。

2. **地质多样化展示厅**

该厅展示了首都马斯喀特令人惊叹的多样化自然构造，这里有不同颜色和形状的山脉、由风雨作用而形成的沙堆、洞穴一般的地洞以及沙丘等多样而奇特的地貌。

3. **古代野生动物厅**

这里展示了古代马斯喀特野生动物的生活图，呈现了生活在该地区的动植物变化。此外还有曾经生活在阿曼高山河岸的大型恐龙化石，描述了古代野生动物的生活环境。6600 万年前，恐龙和鳄鱼生活在如今已干涸的滩涂区。当时这里降水丰富，河流和山谷穿过森林。恐龙时代后，海洋曾一度将这里淹没，退去后留下的沉淀物与山谷滩涂沉淀物混合堆积，慢慢形成如今的地貌。

（二）二楼

1. 古人类定居点展示厅

这里模拟了最早人类建造房屋的方式，通过系列图片展示古代人类使用的工具，例如石斧、锤子、狩猎工具，还有贝壳制成的女性饰品。

2. 阿曼历史厅

观众在这里能看到一百多万年前，古人类“直立人”如何在中东出现，并在今天的佐法尔省建立定居点。同时这里也展示了阿曼海事史、阿曼与各国的贸易史，包括与两河流域的乌尔和苏美尔文明、印度的印度河谷文明之间的交往。阿曼历史厅还展示了阿曼南部佐法尔省的乳制品贸易，贸易对象包括示巴国[①]、印度、古埃及、罗马和古代中国。此外，这里还展示了马里卜水坝倒塌后阿兹德部落向阿曼迁徙，并于古尔汉定居，将波斯人驱逐出阿曼等历史。

3. 旅行家厅

该厅以图片和音响形式，展示了东方学家在马斯喀特游历时的所言所著。

---

① 示巴是指在《旧约圣经》和《古兰经》中提到的一个南方的王国，具体位置可能在现今的厄立特里亚沿岸或也门南部境内，但也有可能是同时处于厄立特里亚和也门的一个跨亚、非大陆的大王国。示巴王国在古代亚述人、希腊人及罗马人作家的作品中都有提及过。

4. **马斯喀特厅**

该厅讲述了马斯喀特从公元1世纪至1744年的故事，通过地图和古代资料展示了这里曾有的光辉与荣耀，曾遭受的侵袭与战火，但马斯喀特总能从废墟中崛起，重新开始历史进程。这里展示了古代阿曼和罗马的冲突以及阿曼人民的伊斯兰化进程。内厅的画作描绘了1507年葡萄牙入侵阿曼的情形，他们焚毁马斯喀特，对当地统治了长达140年之久。1624年，叶阿里卜国建立，阿曼人发起对葡萄牙人的抗战，并于1650年夺回马斯喀特。

5. **赛义德王朝厅**

赛义德王朝建立于1744年，在伊玛目苏丹艾哈迈德·本·赛义德统治时期不断扩张，领土覆盖了东非沿海地区，从非洲的加尔多夫角到莫桑比克的吉尔米巴，再到摩加迪沙、马林迪、蒙巴萨。巴兰达之屋的游客可领略赛义德王朝历史，感受马斯喀特港自公元12世纪就凸显的重要地位。屋里的壁画呈现了马斯喀特的这段重要历史，画上有该时期的著名人士，此外还有参考公元18世纪绘图而制成的马斯喀特和马特拉赫的立体模型。陈列的照片则根据赛义德王朝最重要的几个历史时期进行划分，首个时期是伊玛目艾哈迈德·本·赛义德时代，他在统治期内平息了内乱，统一阿曼，并率领人民与波斯作战。

6. **海港厅**

这里展示了各时期的阿曼港口、马斯喀特港的地图以及国外艺术家的绘画作品。这些画作和地图勾勒出 17 至 19 世纪的贸易路线图，许多制图员在地图注释中将马斯喀特港用特殊记号加以标记，标明它作为当时国际贸易主要站点的地位。其中有一张地图描绘了 1649 年从好望角到印度孟加拉地区的香料之路。

海港厅的展图还显示了各国对马斯喀特港的竞争，包括 1759 年玛丽亚号被扣留、1900 年英法两国瓜分穆卡拉沿岸仓库以解决两国在马斯喀特的储煤争端。

7. 今日马斯喀特厅

此处展示了阿曼首都马斯喀特取得的伟大成就。过去马斯喀特在各方面都处于劣势：海边的米拉尼城堡和贾拉利城堡距离不过半英里，仅有两所学校、一家医院、一条 7 公里的公路。而如今，马斯喀特海岸线已达 200 公里，学校、医院、现代道路网络遍布每个角落，是基础设施建设最完善的城市之一，也是最干净美丽的首都之一。

8. 民间艺术厅

阿曼人对全世界人民持开放包容的心态，各种文明文化在这里共处，与阿曼当地文化兼容并蓄，形成缤纷多元、丰富多样的阿曼民间艺术。

工作时间

巴兰达之屋周六至周四开放，具体时间如下：

9:00—13:00

16:00—18:00

周五和官方节假日休息

门票

大人 1 里亚尔

小孩 500 派沙

阿曼的古老港口

作者简介

哈穆德·本·哈姆德·本·穆罕默德·本·朱维德·盖拉尼，现任职于阿曼遗产与文化部，博物馆与古迹处专家，曾出版《海上霸主》《船长训条：阿曼船长的航海制度与守则》《苏尔市口述海洋史》《穆克里》《阿曼苏尔市的航海与造船史》等作品，多次参加学术会议，发表论文20余篇。

阿曼拥有得天独厚的自然条件，海岸线绵延3165公里，繁荣了沿岸多座港口，北起穆桑代姆角，南至也门交界处的佐法尔省。阿曼是亚非大陆之间的阿拉伯东部门户，占有重要的地理位置，历史上曾出现过多个贸易与航海港口。尽管亚非国家文明各异，但是从苏尔的拉斯·金斯角港口、拉斯·哈德角港口、布阿巴斯角海港、巴塔赫海港，到马斯喀特港、马托拉港、苏姆哈尔姆港、巴利德港、赫斯布港，这些各类大大小小船队出入的港口，成为阿曼与外部世界的交汇点。我们将在下文介绍北起穆桑代姆角、南至法扎亚赫港[①]（今佐法尔南部的马拉哈特港）的这些阿曼的古老港口。

1. **阿曼纳港**[②]

关于阿曼纳港的位置存在颇多疑点，有人认为它位于阿拉伯湾,但是这种论断有些草率。据《旅行者》一书的作者称，阿曼纳港距海湾入口约六天路程，有人认为这里便是阿拉伯湾，但更合理的解释应该是阿曼湾。

2. **艾奇拉港**[③]

老普林尼（Galus Plinius Secunds,公元 23 – 79 年）曾记载，艾奇拉港（Acila）是塞琉古时代阿曼地区一座繁荣的海港:“商船从群山附近的艾奇拉出发，驶向印度”。艾斯梅汉 · 杰尔维博士认为，老普林尼混淆了拉斯 · 哈德角与穆桑代姆角两个港口，艾奇拉港其实就是卡尔哈特港。杰尔维博士的观点得到部分人的支持，但尚待进一步调查考证。[④]

① http://n-dawa.com/print.php?id=787

② 艾斯梅汉 · 赛义德 · 杰尔维：《阿曼的港口及其对世界贸易的贡献》，马斯喀特，阿曼新闻出版公司，2011 年。

③ 艾斯梅汉 · 赛义德 · 杰尔维：《阿曼历史资料》，第 128 页。

④ 参见：戈伊拉尼、哈穆德 · 本 · 哈姆德 · 本 · 朱维德：《伟大的航海家》，马斯喀特，穆扎维因出版社，2017 年，第 2 版，第 65 页。

3. 马斯喀特港

克罗狄斯·托勒密在公元150年所著的《地理学》中，对一座位于阿曼中部哈迦山脉后的海港有重要记载，将其称为“隐秘的港口”。这一观点得到地理学家格荣·N（Groom N）的印证，格荣认为马斯喀特港是托勒密时代阿曼的主要港口。普林尼则指出，在阿曼湾沿岸有一座名为艾米苏斯卡塔（Amithoscata）的港口，普茨（Potts）认为马斯喀特港是当地出口肉豆蔻最重要的港口，因此欧洲人将肉豆蔻叫做“马斯喀特努斯”（Muskatnuss），将椰子壳叫做“马卡”（Macae），两者均源自马其塔（Maketa）一地。虽然该地区时常经济萧条，但阿曼港口的贸易活动极少受其影响。赛义德王朝尽管经历过一系列政治动荡，阿曼经济依然繁荣兴旺、充满生机，

古老的马斯喀特港

其中很重要的原因就是阿曼船队的商贸活动。在伊朗各港口衰弱之后，马斯喀特港成为阿拉伯海湾地区首屈一指的贸易港。

萨芭哈·谢赫里[①]博士在第三届拉斯哈玛历史研讨会的论文中指出，艾哈迈德·本·马吉德已经明确了马斯喀特在吸引客商方面的优势与重要性，她引用提贝特斯（Tibbetts）的话说："艾哈迈德·本·马吉德作为阿曼公民，对马斯喀特及阿曼沿海地区有较全面的描述。"

当然，马斯喀特的统治者们对国家资源的成功运用并不断鼓励面向海湾地区的航海与贸易，这些对阿曼贸易繁荣都

马斯喀特港

① 萨芭赫·易卜拉辛·谢赫里：《伊历9世纪/公元15世纪阿拉伯海湾与印度次大陆的贸易关系》，载：艾哈迈德·本·马吉德：《拉斯海玛角》，研究与文献中心，2001年，第51页。

产生了深远影响。

鉴于马斯喀特的贸易地位，赛义德·苏丹·本·艾哈迈德规定商贸船只必须首先经停马斯喀特，才能向北驶入阿拉伯湾。[①] 可以说，阿曼在公元 18 世纪的最后 25 年里，成功晋身为贸易渡口。得益于这一政策，阿曼于 1790 年成为海湾与马什里克地区的唯一供糖商，与此同时，也门生产的咖啡有半数经由阿曼分销。

阿曼与阿拉伯湾各国有着直接、切实的贸易往来，这些地区的船只由阿曼、荷台达[②]各港口驶向东亚，对东亚贸易起到了明显的影响。

阿曼与奥斯曼时期的埃及也有密切贸易往来。拿破仑入侵埃及时，曾亲眼目睹阿曼商船驶过苏伊士港[③]，便于 1789 年修国书一封至赛义德·苏丹·本·艾哈迈德，称“苏伊士与开罗之间道路安全畅行，阿曼商贾可将货物运至苏伊士，并放心销售，换取所需物资与货品，毋须任何担忧。”[④]

据记载，公元 18 世纪末期，仅马斯喀特一地的商贾在阿曼各港口所拥有的货船中，400~700 吨位的就有货船 15 艘，

---

① 马哈茂德·艾布·阿莱：《阿曼苏丹国的古今港口》，科威特，1985 年，第 24 页。

② 穆罕默德·凯利姆·易卜拉辛·沙姆里：《伊历 476—627 年 / 公元 1083—1229 年亚丁政治经济研究》，亚丁，2004 年，第二版，第 330 页。

③ 萨拉赫·阿卡德：《海湾政治思潮》，埃及安杰洛书社，开罗，第 15 页。

④ 巴特利西亚·尼古利尼著，尼扎尔·艾格拉译：《1756—1799 年间的桑给巴尔岛：印度洋历史与战略》，振兴出版社，贝鲁特，1998 年，第一版，第 77 页。

双桅杆小型货船 3 艘，大帆船 50 只，小帆船 50 只。[1] 1787 年赛义德·本·伊玛目·艾哈迈德教长统治时期，法兰肯曾访问马斯喀特，他觉得尽管该国规划不善，却有不少繁荣的市场与精美的商品，并注意到有警察在积极维持治安与市场秩序。

马斯喀特港对于阿曼统治者而言意义重大，也得到了他们的高度重视，在赛义德·苏丹·本·艾哈迈德时期，两名印度大商贾——维什努达斯（Vishnudas）与茂杰（Mawje）被委任管理马斯喀特港，此二人与孟买印度公司关系良好。[2] 港口对市场秩序与治安有着严密的管理，保证公平、公正的裁决，保障所有商人的公平权益。

阿曼的苏丹与教长们还很重视降低港口的关税，1790 年，穆斯林商人缴纳关税为 2.5%，非穆斯林商人为 5%。马斯喀特港的稳定发展，当地政府对商贸活动采取的宽容态度，阿曼人与各行业商人的文明交往，及港口内训练有素的服务人员，都保证了世界各地，尤其是波斯、印度、奥斯曼帝国土耳其、埃及、也门、伊拉克、希贾兹行省的商人大量涌入马斯喀特做买卖。

阿曼掌控了也门咖啡豆的贸易，马斯喀特港正是也门咖

① 梅根·维克多·李奥多维奇著，萨米尔·纳吉姆丁·萨塔斯译：《公元十八世纪至十九世纪上半叶的利益结盟及英国对阿拉伯海湾地区政治》，迪拜，朱穆·马吉德文化遗产中心，2009 年，第 111 页。

② 伊斯马仪·拉比伊：《十八世纪阿曼海上活动》，载《文献杂志》，24 期，巴林，1994 年，第 82 页。

啡豆的贸易中心。在苏丹·本·艾哈迈德·本·赛义德时代，这里有50多艘咖啡豆专用商船，除此以外，还有约百艘苏尔人的咖啡豆专用商船。也门学者艾尔娃·赫塔比在其硕士论文《公元17—19世纪的也门咖啡豆贸易》中指出："阿曼船只并非只将咖啡豆运往阿拉伯海湾沿线港口，他们还来到了吉达港。当时尼普尔使团从吉达前往也门所乘的船，就是阿曼运输咖啡豆的货船，并非客船。这艘货船从也门的摩卡港出发，将咖啡豆运到吉达，再从这里装载新货品返回马斯喀特。"①

4. **马托拉港：**

马斯喀特港附近的马托拉港，是阿曼的主要港口，对阿

马托拉港

① 艾尔娃·艾哈迈德·艾哈迈德·阿卜杜拉·赫塔比：《公元17—19世纪的也门咖啡豆贸易》，2004年，硕士论文。

曼经济具有重要意义。这里有来自东西方各地的船只，有繁华的贸易市场。马托拉港将印度、中国以及非洲、欧洲、美洲的港口与阿拉伯湾沿岸港口联系在一起，包括那些前往红海沿线港口的船只，也停泊在马托拉港补给休整。直到 20 世纪中叶，马托拉港一直都是阿曼政府收入的主要来源，虽然征收的税额极少，但往来船只数量庞大。

5. 苏尔港

苏尔是阿曼哈迦山东部的一座海滨古城，距拉斯·哈德角约 28 公里，位于马斯喀特东南 152 公里外，具有重要的政治与商业地位。早在公元前 4 世纪，苏尔城居民就驾驶船队出海经商了。苏尔港是印度洋的心脏，印度洋各地区的联系基本都需经过阿曼海岸，特别是苏尔港。这里的远洋贸易发达，苏尔人的商队拥有 100 艘大型远洋船只，与印度、东印

苏尔城港口，巴塔哈海滨

度群岛有着密切商业关系。此外他们还有许多小型商船，负责与东非沿岸地区、阿拉伯海湾各港口的贸易。[①] 苏尔港在咖啡豆贸易中扮演了重要角色，咖啡豆从也门经由马斯喀特、苏尔运往伊拉克。[②] 也门学者艾尔娃·赫塔比称，“咖啡豆贸易中另一座发挥重要作用的港口就是苏尔港，每年有数百次海航，在阿拉伯海湾、印度洋、红海间穿梭，经马斯喀特将咖啡豆从也门销往土耳其、伊拉克。”[③]

1835 年 11 月 25 日，航海家詹姆斯·雷蒙德·威尔斯特

苏尔海滨湖泊古代样貌复原图，后在此建立了苏尔城。[④]

① 马哈茂德·艾布·阿莱：《阿曼苏丹国的古今港口》，科威特，1985 年，第 24 页。

② 法迪尔·穆罕默德·侯赛尼：《1749—1783 艾哈迈德·本·赛义德时期的阿曼商业》，载《文献杂志》，第 24 期，巴林，1994 年，第 91 页。

③ 艾尔娃·艾哈迈德·艾哈迈德·阿卜杜拉·赫塔比：《公元 17—19 世纪的也门咖啡豆贸易》，2004 年，硕士论文，第 182 页。

④ 注：复原图由本文作者绘制。

德（James Raymond Wellsted）[①]访问苏尔城与苏尔港，描述这座港口良好，约300头大小骡子在劳作，运输来自印度洋沿岸、阿拉伯湾、阿曼湾与非洲大陆的货物。[②]

C.B. 迈勒兹认为，希腊将军尼亚尔古斯在游记里说的自由贸易区，就是苏尔港。希林支持了这一观点，这充分说明包括苏尔港在内的阿曼各港口，在阿曼文明进程中所发挥的文化与商业作用。

苏尔城旧址比巴塔哈海滨区更古老，当时是阿曼船只及各国入阿曼港船只的停泊口，彼时苏尔城的港口是布阿巴斯海角山，与苏尔海滨湖泊相连、从鲁萨格区海滨绵延至布阿

苏尔城的泊船[③]

① 詹姆斯·雷蒙德·威尔斯特德著，阿卜杜阿齐兹·阿卜杜格尼·易卜拉辛译：《阿曼史》，贝鲁特，萨格出版社，2002年，第一版，第12页。

② 詹姆斯·雷蒙德·威尔斯特德：《阿曼史：阿拉伯半岛游记》，贝鲁特，萨格出版社，2002年，第45页。

③ 苏丹阿曼遗产与文化部：《阿曼与阿曼的海事史》，马斯喀特，振兴印书馆，第二版，2002年，176页。

巴斯海角，直到约公元18世纪，这里还留有许多当时固定船只使用的铁环。

6. 苏哈尔港

苏哈尔是阿曼最有名、最古老的港口之一，早在伊斯兰教产生之前，许多历史学家、旅行家都曾提及它。阿拔斯时期，苏哈尔是商船与远洋船队的集结地，是船队的补给站、贸易市场，而且苏哈尔行省临阿曼海，具有独特地理位置，长期以来在经济与贸易、海事与文化领域一直焕发着生机。这些都得益于地理人文条件与伊斯兰世界的环境，通过文明交流、特别是贸易往来，苏哈尔在伊斯兰世界占有了重要地位，成为印度洋与整个中部世界的贸易港口。

许多穆斯林旅行家、历史学家与地理学家在著作中都提

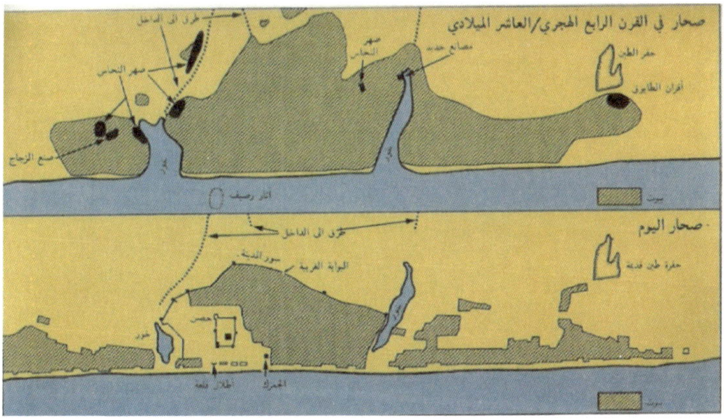

苏哈尔城与苏哈尔港规划图[1]

① 阿曼苏丹国遗产与文化部：《阿曼与阿曼海事史》，马斯喀特，振兴印书馆，2002年，第二版，第36页。

到过苏哈尔。伊本·侯戈尔、伊斯塔赫利曾指出：苏哈尔是阿曼的都城，面朝大海，聚集了无数生意人与商贸活动。穆格迪希对这座古城也有记载：苏哈尔城空气好、益处多，是安居乐业的好地方，这里生活便利、商贾多、氛围好，就算是中国沿海地区也没有什么地方比得过它。他还对苏哈尔的商业意义予以肯定，说它是“东方与伊拉克的仓库，是中国的前线，是也门的支撑”。

大商人苏莱曼也提过，来自波斯西拉夫的商船当时都驶来苏哈尔港。艾德里希、艾布·哈桑·本·叶齐德在他们的中国与印度游记中也肯定了这一点。

7. **苏姆哈尔姆港**

苏姆哈尔姆，今名科尔罗里，位于塔戈城东面，距萨拉拉城约 30 公里，自古以来就是阿拉伯半岛东南部地区最有名

苏姆哈尔姆港

的乳香贸易港。苏姆哈尔姆是历史悠久的古城，其港口年代可追溯至公元前 3000 年，城堡墙壁廊柱上的古也门语铭文至今依然清晰可辨。

公元 1 世纪至 2 世纪的 2 份古希腊文献中，曾提到这座港口，称其为穆西卡港。在苏姆哈尔姆城考古勘察中，人们发现的手稿、古代神庙、古钱币及文物都表明该城曾与印度、两河流域、尼罗河流域等地区有着密切的往来与文化交流。古城原以石灰岩建成，建筑精美，有城墙、城门和若干方塔。

城内发现的五块石碑，写有南方阿拉伯语铭文，描述了当时的建城情形：苏姆哈尔姆城的建立是为了巩固当地对乳香贸易的掌控权。在城北的一处古寺遗址里，人们发现了 3 处院墙、2 处祭坛，其中一个祭坛还带有公牛图案的浮雕，此外还挖掘出一尊少女吹笛的小型铜像、一座公元 2 世纪时期残缺的少女雕像、一些铜钱和一个刻着两行古文的铜印章。

苏姆哈尔姆港在远古与中世纪时期一直是佐法尔省最活跃的港口，考古学家与历史学家们的看法说明了这座港口作为乳香场地管理中心的重要地位。在港口东面的一处遗址上，挖掘工程持续了多期才得以完工，分别为 1952 年 4 月、1953 年 2 月、1958 年 2 月、1962 年 1 月。考古学家认为，出土的部分文物的历史可追溯至公元前 2300 年，这座森严的城堡是阿曼苏丹国佐法尔海岸的守护者。

作为历史上著名的乳香出口港口，当时的乳香运输活动

罗里石铭文，记录了苏姆哈尔姆城的建立日期

由佐法尔当地阿曼人的私人商船，来自非洲特别是法老时期的埃及商船以及来自印度和中国地区的商船来承担。

这座阿拉伯半岛南部地区最古老的海港，向世界各地输出乳香。乳香贸易的对象国包括古埃及，特别是公元前 15 世纪哈特谢普苏特女法老统治时期。埃及卢克索帝王谷一座神庙里发现的画，描绘了法老船停泊在苏姆哈尔姆港口的情景。运给赛伯伊女王芭尔姬丝的一罐罐阿曼乳香，就是从苏姆哈尔姆港装货的，女王再将这些乳香作为礼物送给先知苏莱曼·本·达伍德。

来自世界各地满载货物的商船停靠在苏姆哈尔姆港口从事贸易活动，返程时则载满乳香、没药[①]、椰枣、凤仙花、香料、

① 没药，中药名。为橄榄科植物地丁树 Commiphora myrrha Engl 或哈地丁树 Commiphora molmol Engl 的干燥树脂，分为天然没药和胶质没药，分布于索马里、埃塞俄比亚及阿拉伯半岛南部等地，具有散瘀定痛，消肿生肌之功效。

各类草药、黄金、熏香枝。由于埃及法老们对没药、乳香、黄金、稀有树木的迫切需求，当时苏姆哈尔姆与埃及的商贸往来较为活跃。而罗马人则从这里购买草药、香水、香料、凤仙花、没药。这座港口是印度各大港口与贸易枢纽。

8. **巴利德港**

佐法尔省的又一古城，历史可追溯至公元前5000年末至4000年初。出土文物与古遗址表明，这里曾有过繁华的城市与贸易港，乳香贸易使这座港口盛极一时，一面与中国、印度、也门、东非形成贸易路线，一面与伊拉克、欧洲展开贸易往来。1930年学者伯特朗·托马斯拍摄的一幅遗址照片，成为研究该地区建筑艺术的重要资料，1952年以温德尔·菲利浦斯为首的美国使团在威廉·法兰克·布莱特的主持下，在城东发现了一座大建筑和一些带有装饰图案的断柱等。于是，使团与德国专业大学合作展开考古挖掘与修复工作，复原了许多

巴利德港

重要的城市景观，目前挖掘与修复工作依然在继续，其他城市景观陆续被发现，如大清真寺遗址建筑主体，包含144根柱子，呈13排分布，与礼拜正墙平行相对，多数柱子为八边形，这些柱子的正中是一块露天场地，这座大清真寺是该遗址中最重要的建筑之一，此外还有一系列小清真寺。古城外东西北三面有水渠环绕，西边的水渠因年代久远已损毁。这条水渠可能用于运输港口到达货船的货物，或是作为小型船只的天然停泊湾。

9. **迪巴港**

迪巴港是阿曼最古老的港口之一，因距苏哈尔港较近而名声鹊起，这里有来自中国、印度和波斯的商船。艾布·哈彦·陶希迪在其著作《怡情悦性》中曾谈过迪巴港，马尔祖齐（伊历？～421年）在其书《岁月与空间》中也为我们讲述了这座港口的故事。此外，这座城市的名字也在《瞭望台》与《各地信息菁华》两部作品中出现过。这些作者们均指出，迪巴港拥有贾希利叶时期的阿拉伯市场，其名为迪巴市场。塔百利描述“这里是城市也是大型市场”，[①]来自印度与中国的船只驶入港口，在这里建立了繁华的市场。

10. **盖勒哈特港**

盖勒哈特城曾是阿拉伯霍尔木兹王国的一座都城，伊本·白图泰、马可·波罗都曾到过此地。卡尔马特入侵苏哈尔后，

① 哈姆德·穆罕默德·萨拉耶：《阿拉伯半岛与非洲东海岸的文明关系》，拉斯－海玛研究与文献中心，2009年，第一版，第168页。

盖勒哈特港

苏哈尔港口地位受影响，盖勒哈特港便应运而兴，在阿曼商业中发挥了重要作用。来自印度、中国、也门、非洲和阿拉伯海湾的船只在这里交汇。盖勒哈特港遗址受山谷坠石、土壤滑坡的影响，海面逐渐退后。

被山谷坠石填平之前的盖勒哈特船舶码头复原图[①]

① 注：此图为本文作者制。

11. 马卡港（亦作：马其塔港[①]）

最早对马卡港的记载出现是希腊文献《尼阿库斯报告》，称该地出口桂皮等香料。斯特拉波也证实了这一点，他指出“马卡伊”原指居住在海岸边的部落。

12. 萨拉拉港

萨拉拉城的海岸附近曾有一个天然的小码头，滨海地区

萨拉拉港

萨拉拉古码头

① 艾斯梅汉·赛义德·杰尔维：《阿曼的港口及其对世界贸易的贡献》，马斯喀特，阿曼新闻出版公司，2011 年，第 87 页。

为天然沙地，船只距海岸一定距离时便卸下货物，商品打包后由牲畜驮运给货主。

在卡布斯·本·赛义德苏丹时期，兴建了萨拉拉港，成为阿曼临阿拉伯海岸的最大港口。

13. 米尔巴特港

近年以来，米尔巴特港作为印度、非洲和也门远洋船的交汇港逐渐兴盛，因为它距古老的苏姆哈尔姆港不远，来自苏尔、马斯喀特和海湾各国的船只在前往也门与非洲的途中都会在此交汇。

ميناء مرباط عام ١٩٢٩ م

14. 赫斯布港

阿曼北部著名的古老港口，是亚历山大大帝东征时曾到

赫斯布港

达过的港口之一，在著名的《厄立特里亚海报告》中也提到过这个港口的名字。

15. **古赖亚特港**

古赖亚特港是阿曼的一座港口，为帆船配给水、木材、椰枣等物资，也是海上起风浪时船只的避风港，古时候这里曾一度繁荣，后遭到葡萄牙人破坏。

16. **维达姆·萨希勒港**

维达姆·萨希勒港位于穆桑纳州，是较为繁华的一座港口，这里有来自苏尔、马斯喀特和海湾各国的船只，它们从巴提奈地区装运椰枣途经此港。当地人拥有三十多艘帆船、潜浮船、渔船，维达姆·萨希勒的船长们驱船前往海湾各国经商，有的商船还到达也门、印度和东非沿岸地区。

17. **谢纳斯港**

谢纳斯港的居民与阿曼海、阿拉伯海湾各国有商业往来，来自苏尔的船只驶入此港补给水源、木材、椰枣。

谢纳斯港

20. 莱索托港

莱索托港，又名奥萨拉，据地理学家托勒密记载，它位于萨拉拉西面，凡·魏斯曼认为奥萨拉是莱索托的古名，该地原为乳香出口港，是佐法尔省的一个古老海港，这里有来自阿曼其他港口以及也门、印度和埃及的船只。

21. 拉斯－法尔特克港[①]（赛格鲁斯）

据布里尼记载，往来于埃及、印度之间的航海船只常途经此地。《旅行者》一书的作者记录道：乳香之地塞卡利提斯湾上有一座名为塞格鲁斯的高山，山上有城堡，山脚有码头、乳香仓库、海角后就是阿曼月亮湾。[②]

图中远处是萨格尔角，山脚下是法扎伊哈港。[③]

① 艾斯梅汉·赛义德·杰尔维：《阿曼的港口及其对世界贸易的贡献》，马斯喀特，阿曼新闻出版公司，2011 年，第 94 页。

② 作者不详、艾哈迈德·伊布希译：《厄立特里亚海环游记》，阿布扎比旅游文化局，2014 年，第 52 页。

③ 图片来源：哈克利网站，穆罕默德·本·阿卜杜拉·珊法里·艾布·哈齐姆。

22. 巴特拉萨瓦港[①]

巴特拉萨瓦港也是贝利尼（公元 23—69 年）曾提过的阿曼海港之一，他称巴特拉萨瓦是一座阿曼城市，斯普林和迈勒斯页也认为，巴特拉萨瓦是锡卜地区的一座城市。

巴特拉萨瓦港

23. 拉斯 · 哈德港

现代考古学研究表明，拉斯 · 哈德角曾是一座繁荣的贸易港，与印度、两河流域等地的许多古代文明都有往来。考古学家希尔格 · 克洛兹尤肯定了这一观点，指出拉斯 · 哈德角在公元前 3000 年的第二世纪曾是一座繁荣的贸易港，主要

① 图片来源：哈克利网站，穆罕默德 · 本 · 阿卜杜拉 · 珊法里 · 艾布 · 哈齐姆。

从事国际贸易。[①]

24. 杰尔兰码头

杰尔兰码头是座古老的海港，尽管它面积小，也未曾被哪个历史学家、作家提到过。过去当地的渔船常在这里躲避风浪，但是由于这里地处峡谷流域，风沙长年堆积，如今的杰尔兰码头已被岁月掩埋。

杰尔兰码头

25. 艾什赫尔码头

艾什赫尔码头面朝阿拉伯海，可是一年里只有少数时间有船只驶入，夏季时这里的船只纷纷离开，躲避阿拉伯海的风浪。艾什赫尔港与内陆之间毫无遮挡，在风沙堆积及潮汐

---

① 希尔格·克洛兹尤：《铜器时代海湾与阿拉伯海地区的贸易：船队后的社会，阿联酋遗产》，丹尼亚尔·波尼斯等，伦敦特兰丹特出版有限公司，2003 年，第 138 页。

运动的作用下，港口逐渐荒芜。

艾什赫尔码头

26. 布拉卡码头

布拉卡码头有沙质海岸，来自马斯喀特、苏尔的船只驶入这里运送椰枣，不过与附近的港口相比，这里的贸易并不

布拉卡码头

繁荣。

27. 萨哈姆码头

萨哈姆码头曾繁荣一时，很多船长、船主居于此地，来自马斯喀特、苏尔的船只在这里装运椰枣、柠檬干。

萨哈姆码头

28. 哈卜拉码头

哈卜拉的当地人有许多船只停泊在码头，来自马斯喀特、苏尔以及巴提奈地区其他港口的船只前往哈卜拉码头装运椰枣、水和木材。

29. 苏维格码头

当地居民的部分船只停泊在苏维格码头，此外，苏尔、马斯喀特的船只也会到此装运椰枣，补给水与木材。

30. 哈西克码头

哈西克地区有一些古迹，位于萨德哈港西侧，哈德巴尔姆山谷西头的山顶，与库里亚穆里亚群岛相对。哈西克港在公元前时期是乳香和鱼类出口地。

31. 赫尔福特码头

在达勒库特与拉赫尤特之间的科马尔山脚下，坐落着赫尔福特港，距拉赫尤特 15 公里。港口有座塔，名为赫尔福特塔，周围距拉赫尤特 10 公里处有石画等古迹存在。

赫尔福特码头

32. 扈尔·杰拉马码头

扈尔·杰拉马是苏尔省的天然滨海湖泊，四周陆地环绕，在山谷间形成一道狭窄蜿蜒的海峡，成为船只的避风港湾。从非洲、也门、印度满载货物返航的苏尔船，往往会经停此处一段时间。而那些帆船、渔船则会来此休憩，整装重新驶向阿拉伯湾。英国人曾在这里选址建了一座仓库，存放燃料

扈尔·杰拉马码头

与木材，仓库遗址如今依然留存。

33. 扈尔·哈加尔码头

位于苏尔省拉斯-哈德海角的扈尔·哈加尔滨海湾也是一处天然码头，是海上船只的避风港湾。但是这处滨海湖由

扈尔·哈加尔码头

于海水过浅，在地壳运动中，海床已经完全暴露了。

34. 杰萨码头

杰萨两面环山，港湾类似一处湖泊，海水深度适宜各类规格的古帆船停泊。周围的高山也形成了天然的避风屏障，这里有淡水、木材，可供船上日常烹饪所需。

杰萨码头

35. 塔伊维码头

塔伊维从塔伊维山谷谷口自然延展，有着得天独厚的自然环境。这里现在以滨海浴场而闻名，过去则是船只停泊补给淡水、木材等船上物资的小港。塔伊维当地人的船只旧时常运送椰枣等水果前往马斯喀特与苏尔，还有的船则用于运输当地盛产的石材。

塔伊维码头

36. 塔戈码头

来自马斯喀特、苏尔的船只过去常停泊塔戈码头，补给淡水，装运牲畜、油、皮革、乳香等当地产品。

37. 萨德哈码头

萨德哈港形似马鞍，周围环山，是船只的天然避风港，尽管港口面积不大，但来自苏尔地区的船只纷纷驶向这里。

阿曼的坎儿井

在阿曼，地下灌溉系统称为坎儿井（falaj），是一种围绕土地水源管理利用的农业和定居体系。

阿拉伯语词“falaj”在部分海湾地区有“泉水”的意思，如阿曼佐法尔地区，在沙特阿拉伯甚至有地区因为泉水丰沛被称为falaj地区。在厄立特里亚和埃塞俄比亚的提格里尼亚语中，falaj也可以指“小溪流”。

在阿拉伯文学中，拉比德·本·拉比亚曾有诗句写道：

你们没什么可夸耀
除了有坎儿井安家

诗句中的“坎儿井”指的是泉水、水源。

在阿曼，坎儿井（falaj）一词不仅可用于指水渠以及水渠里的流水，还可以借指整个灌溉体系，甚至整个村落，如贾兰·巴尼·哈桑（Jaalan bani-hasan）地区的法拉吉·玛沙伊赫（Falaj masheikh）村，卡比勒（Qabil）地区的法拉吉·马斯欧德（Falaj masoud）村，阿瓦比（Awabi）地区的法拉吉·巴尼·扈宰尔（Falaj bani-khuzair）村等。

坎儿井的历史和世界分布

由于众多的泉眼和常流河谷，阿曼千百年来一直吸引着来自阿拉伯半岛南北和波斯地区的定居者，其中最著名的迁徙者当属马里卜大坝①崩溃之后，从也门迁来阿曼的马利克·本·法赫姆部落。

定居者最初都选择靠近泉水和溪流的地方。在阿曼巴赫莱的萨鲁特（Salut）地区，发现了追溯到公元前第二个千年末期的坎儿井。在阿曼南北各地，也发现有很多石器时代的高度发达的技术，将水从高处引到低洼的农田。考古发掘甚至发现，在公元前第三个千年，阿曼就已经有了灌溉用的水渠。

但是，泉水的水量有限，而溪流的水量严重依赖降雨，所以人类不得不探寻地下水，往往要挖掘数公里才能找到地下水源。

关于坎儿井的历史源头，研究者意见不一。有人认为其

① 马里卜大坝，也被伊斯兰教徒称为萨德拉尔姆坝，位于建于赛伯王国首都马里卜城，始建于公元前 7 世纪中期。此坝位于达纳干河 (Wadi Dhana) 上，距马里卜城 5km。

在公元前第二个千年末期兴起于铁器时代的阿曼半岛，然后传播到东西方。有人认为坎儿井是在公元前数百年起源于波斯，然后传到世界各地。也有人认为坎儿井起源于两河流域的巴比伦国（前 1750—795）汉谟拉比统治时期，或者是亚述国萨尔贡二世（前 722—705）统治时期，然后传播到波斯和阿拉伯半岛地区。然而，世界大部分干旱和半干旱地区都有类似坎儿井的灌溉体系，名称也各不相同，包括日本、朝鲜、中国、美国、墨西哥、智利和其他南美国家，很多中亚国家如阿塞拜疆、阿富汗、伊朗、土耳其，阿拉伯半岛和北非地区，还有部分欧洲国家如意大利、西班牙。世界范围内最新开掘的坎儿井，是 2010 年阿塞拜疆 Nakhchivan 地区开凿的。

在阿拉伯传说中，苏莱曼·本·大卫王有次乘坐风毯从伊斯塔赫尔前往耶路撒冷。风把苏莱曼丢到了沙漠中。他和士兵从乘坐的精灵上下来，走到沙漠中，在巴赫莱地区的萨鲁特（Salut）发现了一个城堡。苏莱曼王让戴胜鸟去寻找水源。苏莱曼王在阿曼停留 10 天，每天开凿 1000 条水渠。传说中还有另一个版本，苏莱曼下到了巴提奈（Batina）地区，在某个农田上空盘旋时听到了农民和耕牛之间的对话。当时牛待住不动，农民问耕牛：为何闹罢工。牛回答说：您难道没看到苏莱曼王大驾光临么？我停下来是向他致敬呢。农民回答说：他不配这种尊敬，他和士兵们喝光了我们的水，泉眼和水井都干涸了。苏莱曼王顿时醒悟，命令精灵每天开凿1000条水渠，一直持续10天。因此，挖掘型坎儿井也被称为“大卫渠”。

在阿曼，坎儿井的开凿耗费了巨大的人力财力，加之地形的起伏和工程的危险，只有鼎盛时期统一的中央政府才有能力做这项工程。不过，也有部分私人或家族开凿的坎儿井，如1856年伊布拉（Ibra）家族开凿的伊兹（Izz）渠。1858年，卡比勒（Qabil）地区开凿了一条坎儿井，之后不久，又开凿了两条新渠，也因此建立了两个新村：达利斯（Daris）村和法拉吉·马斯欧德（Falaj masoud）村。阿曼在桑给巴尔和东非的贸易收入极大促进了坎儿井的开凿，促进了这种技术在东非地区的传播。有文献记载，哈姆德·本·艾哈迈德·本·塞夫·艾布·赛义德指示图尔基·本·赛义德·本·苏丹王（1870—1888在位）在桑给巴尔开凿了一条坎儿井，水渠于1882年开凿完成。

有历史资料表明：阿曼塞夫万家族在828—829年从图阿姆（Touam），即今天的布里米（Burimi）地区迁到了安达卢西亚，把坎儿井技术带到了伊比利亚半岛。他们站稳脚跟后，于831年建立了穆尔西亚（Murcia）城，在塞古拉河上建立了城堡，名之曰苏哈尔堡（西班牙语：Àuêār）。这些人也参与了马德里城的修建。据说马德里（Madrid）一词系阿拉伯语majra（意：水流）的变体，因为马德里城地下遍布水渠。

阿曼坎儿井开凿时间绵延久远，最早的坎儿井开凿于约公元前 2700 年的铁器时代（燧火时代），大部分则属于阿契美尼德占领时期（前 550—331）、萨珊占领时期（公元 6 世纪）以及叶尔鲁白时代（1624—1749），特别是苏丹本·塞夫一世（1649—1679 在位）、苏丹塞夫·本·苏丹一世（1692—1711 在位）和苏丹本·塞夫二世（1711—1719）统治时期。

（坎儿井在世界语言中的称谓详见本章附文。）

坎儿井的种类

阿曼坎儿井在运作、水分配和文化体系方面相互类似，只是水源互不相同，可以分为：

1. 泉水型（自然泉水），约占 28%

泉水渠通常源自山脚的天然泉眼，在重力的作用下，沿坡而下，通过开敞沟渠到达需要灌溉的地方。阿曼共有泉水渠约 1152 条，其中 989 条仍然活跃，占比 28%。

天然泉水的源头通常是地下水或者渗透到地下的雨水。挖掘渠和泉水渠的源头都是深处地下水，但两者的不同在于，泉水渠的水是自然而然到达地表，而挖掘渠则是通过人工把水取出。

泉水的水质受地质结构影响各不相同，水温也随水源深度而不同。

阿曼最有代表性的泉水渠有：鲁斯塔格（Rustaq）地区的卡西法（Kasifa）泉，布什尔（Bushr）地区的哈玛姆（Hamam）

泉，纳赫勒（Nakhl）地区的陶瓦拉（Thawara）泉。

2. 溪流型（河谷中的地表水），约占 49%

溪流指的是河谷上游的地表水流或不深的类地表水流，水源是雨水或深度在 3 到 4 米的地下水池。同泉水渠和挖掘渠相比，溪流渠受干旱影响最大，往往雨后喷涌，无雨时常年断流。在阿曼，溪流渠数量最多，占比达 49%，在 1993 条溪流渠中，有 592 条已经死亡。

溪流渠的源头，靠一些低矮的水坝拦截水流，把水流从河谷引到水车中。水坝的建筑材料、形状和拦截水量，都有通行的惯例。拦截水量,通常都是河谷下游的村庄共同商定的，不会全部拦截，以保证下游的所有村庄都能吃上水。

溪流渠的代表有：萨马伊勒（Samail）地区的萨马迪（Samadi）渠，迪尼克（Dinik）地区的萨勒德（Sald）渠。

3. 挖掘型（大卫型，人工挖掘地下水源），约占 23%

挖掘渠也叫大卫渠，部分位于地下，水平延伸，有时要绵延数千米才能到达地下水源。挖掘渠，从积极和消极两个方面，受地下水位变化的影响，但与其他类型相比，常年不断流。阿曼共有 976 条挖掘渠，占比 23%。挖掘渠体系部分类似伊朗的卡纳特渠（Qanat）系统。

挖掘的第一步是寻找水源，通过专家分析土壤和植被，如果有茂密的阿拉伯橡胶树、滨枣树或牧豆树存在，则说明有丰富的地下水源，因为这些树的根往往能延伸到地下几十米。如果确定山坡最高处底下有水源，则开始挖掘：数个孔洞朝一个方向，相互距离不远，沿着山坡的走向。

在挖掘坎儿井的过程中，必须注意一定的倾斜度，通常在1比500和1比2500之间，视沟渠经过的土壤性质而定。如果倾斜度过大，水流湍急，容易冲走土壤，令沟渠塌陷；如果倾斜度过小，则水流缓慢甚至会停滞，并最终渗漏流走。必须开凿一些垂直的通风孔，便于工人下去对沟渠进行维护和清淤。

挖掘渠由以下部分组成：

（1）开孔：垂直，连结沟渠的灌溉部分，用于通风或维护；

（2）水源：沟渠的营养源，第一个垂直开孔的位置所在；如果支流很多，则水源源头可以不止一个；

（3）支渠：汇入干流的灌溉渠；

（4）出口：水流进过沟渠到达地面的初始位置。

阿曼挖掘渠的典型：

苏哈尔（Suhar）的卡比勒（Qabil）渠，卡米勒（Kamil）和瓦菲（Wafi）的卡米勒（Kamil）渠，以及曼哈（Manh）的费贾因（Faigain）渠。

相互比较而言，泉水渠和挖掘渠水源更深，喷涌更稳定，受雨量影响较小，水温较稳定，触感则是冬暖夏凉。而溪流型水源较浅，喷涌不稳，水温也随气温而变化。

坎儿井工程学

开凿坎儿井必须具备充分的条件：水文、地形、环境，其中最重要的是充足的地下或地表水源储备，以及距离适合的农田。

坎儿井的水文体系可以分为四个部分：

1. 采水，水源可是挖掘渠中的地下沟渠，或是溪流渠的水坝，或是泉水渠的天然泉眼。

2. 运水，可以是有开孔的地下沟渠，或是水车。如果水车遇到河谷拦路，则可以在河谷上方架起桥渠或在河谷深处挖掘底渠。

3. 分水，用名曰“水门”的东西，从水车中分水。不同的水车汇集到分水点，用日晷或水钟，计算灌溉分水和灌溉需要的时间。在小的坎儿井中，地表会挖一些小的蓄水池暂时存水。

4. 用水，有专门的男用沐浴处和女用沐浴处、专门的洗衣处和清洗器具的地方，以及灌溉用地。在某些坎儿井中，例如鲁斯塔格（Rustaq）地区的迈斯尔（Maisr）渠，阿瓦比（Awabi）地区的斯塔勒（Sital）渠，人们安装了碾粮用的水磨，利用坡度产生的水力驱动磨盘。

工程专家采用多种工具和技术手段：如用捣碎的蒜茸涂抹石头，然后烧炼，使其易于分解；用油灯采光，通过灯焰的大小和颜色，判断氧气的浓度；使用专门的工具，测量沟渠、水车斜度和深度。用岩石和灼烧过的粘土砌壁，因为这样的材料耐高温高湿。

沟渠必须进行定期的维修保养，才能稳定发挥功能。

坎儿井国家统计工程

2001 年，地方行政部公布了坎儿井国家统计工程的结果。此项工程的目的是建立一个阿曼坎儿井完整数据库，明确坎儿井的法律地位、源头和保修边界。

采集到的数据包括坎儿井的平均涌量、盐度、酸度、温度、需求面积、干渠状况、支渠和水车的长度、深度及流动性质等，为每条坎儿井绘制详细地图。

统计结果显示 4112 条坎儿井，其中 3017 条仍然活跃，提供阿曼总体水需求量的约三分之一。大多数死亡坎儿井属于溪流型，占比 54%。统计还显示，佐法尔省拥有 184 处天然泉眼。所有坎儿井的支渠长度达 2726 公里，其中 1767 公里位于地下，959 公里位于地表。

统计显示，阿曼 41 个行省都有坎儿井分布，苏哈尔（Suhar）居首，包含 408 条，其次是伊布里（Ibri），有 363 条，再次是鲁斯塔格（Rustaq），有 294 条。

从导电性、酸碱度、温度等指标对 2958 份坎儿井水质样本的分析表明，导电性最弱的坎儿井是萨哈姆（Saham）省的海勒·迈赫德扎姆（Hail mahdzam），电导率为 115 μs/cm[①]。

（关于坎儿井的沟渠维修保养信息，详见本章附文。）

阿曼全部坎儿井中，活跃的有 3016 条，死亡的有 1095 条，死亡渠中溪流型占比 54%，挖掘型占比 31%，泉水型占比 15%。

阿曼坎儿井中，水体导电性最强是贾兰·巴尼·布阿里（Jaalan bani buali）地区的阿利汗（Arihan）渠，电导率达 2762 μs/cm。关于酸碱度（PH 值），最低是阿瓦比（Awabi）地区的哈拉夫（Haraf）渠，PH 值为 4.6，最高是伊布里（Ibri）地区卡比勒·米拉哈（Qabil milah）渠，PH 值为 12.9。

PH 值越高，表示碱性越强。常见物品中，氢氧化钠的 PH 值为 14，氨水的 PH 值为 12，某些蓝色水池的泉水 PH 值约为 11，橄榄油的 PH 值略低于 10，阿曼标准中最适宜的饮用水 PH 值约为 8.2.

PH 值越低，表示酸性越强。常见物品中，蒸馏水的 PH 值为 7，中性。熟枣和鲜牛奶的 PH 值约为 6.2，土豆的 PH 值约为 5.8，西红柿的 PH 值约为 4.2，苹果的 PH 值约为 3.3，

① μs/cm 为微西门子每厘米，是电导率的单位。从导电性的角度，海水的电导率为 50000 μs/cm，不适合农业种植；电导率介于 10000 和 16000 μs/cm 之间的水质，不适合大多数农作物的生长；电导率介于 10000 和 4000 μs/cm 之间的水质，适合部分农作物生长；电导率介于 4000 和 2000 μs/cm 之间的水质，适合普通农业；而电导率低于 2000 μs/cm 的水质，适合作饮用水。

醋的 PH 值约为 2.8，柠檬的 PH 值约为 1.8，酸性电池的 PH 值约为 0.6，盐酸的 PH 值为 0。

坎儿井和阿曼村庄

坎儿井是阿曼村落生活和文化的轴心，也是阿曼北部地区的特殊环境景观之一，决定着农作物的种类、生物和水文环境体系。从市政建设角度,阿曼城堡、清真寺和民宅的建设,都力求有坎儿井经过，满足饮用、沐浴和洗衣的需求。从经济角度，阿曼的水和土地的股份都可以出售，

尤其是坎儿井的部分水源为政府所有时，种植农根据农场大小和对坎儿井建设的贡献，享有相应的坎儿井使用权。每条坎儿井都有部分水配额定期出租，获利用于坎儿井维护或社会服务。

有些坎儿井部分股份并非专门用于某些耕地，可以竞价的方式出售或出租，成交价通常取决于坎儿井的水量和竞价的过程。部分份额出租的收入，可以作为宗教基金用于清真寺或学校，由宗教基金部予以支配。国家可能拥有部分土地或坎儿井股份，其收益归属国库，属于公共产权。在坎儿井劳作的种植农，特别是大型坎儿井，可以分为四类：水和土地所有者；租赁水的土地所有者；租赁土地的水所有者；租赁土地和水的人。上述四种类型种植农的分布，取决于几个因素：坎儿井的规模、持股人的多少、坎儿井水量、属于宗

教基金或国库的土地数量。

水的使用

从源头到排放，坎儿井的民用环节包括：饮用、庄园和清真寺、男用浴室、女用浴室、洗衣洗器具；农用环节包括枣椰树和其他树种、季节性农业。使用上，民用优先于农用。大部分坎儿井，首先划拨饮用水，其次是清真寺和庄园的需求，再次是男用公共浴室和女用公共浴室，最后是清洗器具和衣服。民用需求满足之后，轮到农业使用。首先是常年农业，特别是枣椰树，其次是季节性农业。这种先后顺序，有效帮助农民抵抗干旱。坎儿井水丰沛时，季节性作物就丰收，如小麦、大蒜、洋葱，而坎儿井水缺乏时，这些作物就停止种植。如果坎儿井水满足农用之后还有富余，就会被排到河谷中。

坎儿井也有工业用途，如苏哈尔（Suhar）附近的穆阿塔利达（Muataridh）渠，现已废弃，其中发现了沿着沟渠建设的四个水磨。坎儿井也可被用作路标，有时候也可以沿着沟渠设立供旅客使用的饮水槽。

水的分配方式

根据坎儿井的性质、规模和历史，渠水的分配细节各不相同，尤其是坎儿井的规模让分配体系变得更加复杂。多数情况下，水的配额是根据时间确定的，尽管也会受规模的影响。

最常见的做法是对水的所有权进行比例分配。

耕种农民通常成立一个专家委员会，考量水渠的水量及变化、土壤性质、股东数量和参股比例，来确定灌溉的时长和规模。

当坎儿井水量不大，灌溉面积较小时，会挖掘一个蓄水池，然后按照灌溉面积进行分配。

如果按照时间进行分配，则要计算灌溉一轮需要的时间，通常 7 到 14 天，短则 4 天，长则 21 天，这要看土壤的性质和坎儿井的喷涌量。例如，土壤较轻，喷涌较小，则一轮浇灌只需 7 天或更短时间；如果土壤较重，喷涌较大，则一轮浇灌需要 14 天或更长时间。

一轮浇灌所需时间确定后，最常采用的比例单位是阿萨尔（athar），一天包含 48 个阿萨尔，每个阿萨尔合 30 分钟。有时一天分成两个分场（badda）或一个整场，也有少数情况下分成三个分场，每个分场包含 16 个阿萨尔，每个阿萨尔又分成 24 个小单位齐亚斯（qiyas）。当然最常见的做法是两个半场，日场和夜场。齐亚斯的设置，考虑的是在喷涌正常的情况下，浇灌一棵枣椰树的时间。

有的坎儿井会使用比大单位阿萨尔（30 分钟）更大或更小的单位，叫法和长度各不相同。如卡玛（qama）相当于四分之一阿萨尔，拉比尔（rabia）相当于 6 个阿萨尔。拉巴（raba）相当于 6 个齐亚斯，也就是四分之一阿萨尔。在阿瓦比（Awabi）

地区的渠中，也使用更加微小的单位，如米斯卡勒（mithqal）和哈巴（habbah）。

一个齐亚斯单位等于 8 个米斯卡勒，一个米斯卡勒等于 36 个哈巴。详细算来，一个阿萨尔等于 30 分钟，一个哈巴折合 0.26 秒。在伊兹齐（Izki）地区的玛莱奇（Malaki）渠和尼兹瓦（Nizwa）地区的达利斯（Daris）渠中，阿萨尔还被划分成更小的单位贾利拉（jalila），一个贾利拉相当于千分之五秒。

有的坎儿井体系把一天划分成固定的部分，如 7 部分：黎明、日出、正午、下午、黄昏、夜晚和深夜。这种划分较少使用，因为没有清晰的计时分隔，容易引起纠纷和争议。在绿山地区和周边村庄，人们使用一种水钟计时，叫做塔挲（tasa）或萨哈勒（sahala）。

股东之间的水配额比例确定之后，一般不变，但是无论水还是土地的股份，都可以出售或出租。某个股东去世后，其继承人按照伊斯兰教法分割他的配额。每一轮浇灌中，每个耕种农的配额是不变的。如果有人错过浇灌时间，其他人的配额顺序也不改变。

灌溉计时

灌溉计时单位中，场（badda）等于 12 小时，拉比阿（rabia）等于 3 小时，阿萨尔（athar）等于 30 分钟，卡玛（qama）等于 7 分钟，齐亚斯（qiyas）等于 1 分 15 秒，米斯卡勒（mithqal）等于 9.38 秒，达齐格（daqiga）等于 3.13 秒，哈巴（habbah）等于 0.26 秒，沙里阿（sharia）等于 0.13 秒，贾利拉（jalila）等于 0.0054 秒。

阿曼人发明了数种灌溉计时的手段，夜晚的星星和白天的日晷是阿曼北部最常用的计时方式，但随着其他计时工具的出现，这些方法的使用日渐稀少。查看日晷或观察星星成为一门专门的学问。日晷通常放在坎儿井的源头，在干渠开始分岔之前，有时放在村中长老的府邸附近。

另外，还有日落计时体系和丈量计时体系，两个体系中白天夜晚开始结束的时间各不相同，但日落计时体系更常用。

白天计时

农民们白天用一种叫拉玛德（lamad）的日晷计算浇灌的时间。日晷的构成通常包括一根厚 5 到 10 厘米、长 2 到 3 米的木杖，垂直放置在一块平坦的方块地上。地块中放置一些特殊的石块，相互距离经过精确的测算。表示白天开始和结束的石块，其之间的距离要大于表示白天正午的石块。每块石头都叫做贾茂德（jamoud）。农民们观察木杖投在石块上的影子，移影的时间就是灌溉计时单位阿萨尔。24 个石块排成一线，东西走向，代表白天的 24 个阿萨尔，并受当地地形的影响。这条线的名称和日晷的名称拉玛德一样。这一体系的石块线不止一条，以根据地偏角调整石块的位置，其中一条用于夏天，一条用于春秋，一条用于冬天。

日晷还有一些种类，工作原理大同小异，但距离和细节有所差异。

夜晚计时

农民们夜晚通过观测星星来进行计时。负责人对星学有精确的理解。他们计算一颗（或数颗）星星出现到星座中另一星星出现之间的时间。星星通常被分成主星和分星。两颗主星之间的时间通常是 1 到 3 个阿萨尔，而分星则把两颗主星间的这段时间分成 2 到 6 份，然而分星在灌溉计时中的作用其实并不大。

阿曼每条坎儿井使用的主星在 20 到 25 颗之间。

每天晚上大约使用星座中的半数星星，这一比例一年之中会有不同。用观星或日晷进行计时，最困难的时刻是昼夜交界的时间，因为日出和日落的具体时刻很难界定。如果天空阴云，特别是云彩来自东边，农民们则使用一套西天的星星，它们落下的时间恰逢灌溉星星升起的时间。这一体系，包括星星的名称和时间间隔，随坎儿井不同而不同，因为各自的环境、历史和社会条件不一样。直到 21 世纪前十年，还有一些坎儿井使用日晷和观星进行灌溉计时，如阿瓦比（Awabi）地区的哈吉尔（Hajeer）渠和希塔勒（Sital）渠，哈姆拉（Hamra）

地区的卡尔亚（Qarya）渠。

（阿瓦比坎儿井用来定时的部分星座的本土名称详见本章附文。）

水资源分配的公平

无论是日晷计时还是观星计时，一年当中白天和黑夜的长度总是不一样的。阿萨尔的长度也是游离于20分钟和40分钟之间。

为保证公平，在冬天，晚上浇灌的农民获得的水量多于白天浇灌的农民，夏天则恰好相反。观星计时通常是估算，例如两颗主星的间隔算作两个阿萨尔，其实总是多于或少于1小时。

农民们为了解决分配不公的问题，设计了另外一套循环，白天黑夜轮流，或者一个白天的两个半场之间轮流。例如阿瓦比（Awabi）地区哈吉尔（Hajeer）河谷的哈吉尔（Hajeer）渠，7天一个循环周期，有的农民份额不足一个巴达，则这个巴达要么落在白天要么落在晚上。晚上浇灌的农民如果不能获得足量，接下来的一周则换成白天浇灌。为了公平，有的地区坎儿井的设计，把巴达设计成单数，如每9天半，也就是每19个巴达为一个循环周期。

为了对抗季节性干旱，农民们把周期继续细分成小周期，不断进行调整，有时在灌溉前修建大蓄水池，或者把坎儿井细分成大小不一的支渠，让农民选择从一个或数个分岔中取水灌溉，这一切根据坎儿井的规模和喷涌量而定。干旱季节，农民会视流量情况切断部分支渠。从干渠灌溉的农民和从支渠灌溉的农民，获得的水量力求相等。流量稳定的坎儿井，其支渠数量通常是固定不变的，每条支渠灌溉的范围也是不变的。每条支渠都可以有自己特定的循环周期，就像伊布里地区的德利兹（Driz）渠所做的那样。

对于规模较小的溪流型坎儿井，修建大型蓄水池是常见的事情，便于对水流量的控制。有的村庄有一到两个用烧土修建的蓄水池，在坎儿井流量下降时蓄水。蓄水的时间，通常计算在农民的灌溉时间配额之内。蓄水的方式能够提高浇灌的效率。如果前一位农民灌溉完毕之后，水池还有剩余，则这些水归属后一位浇灌的农民，就像苏尔（Sur）地区的贾拉（Jaila）渠所做的那样。

随着机械和电子钟表的普及，农民也逐渐从传统的日晷计时和观星计时过渡到日落计时和钟表计时。日落计时，就是农民每天日落时分，把钟表设置为 12 时，以此划分白天和夜晚，第二天日落时重新校对钟表。按照传统计时方法，一年之中白天和夜晚都是不相等的，尤其是夏天和冬天相比较。日落计时中，白天和夜晚时间完全相等，只是白天和夜晚的起始时间，每天都不一样。现代钟表计时，就是白天和夜晚的起始时间，终年不变，长度也固定不变。

（阿曼坎儿井的地区分布和状态详见本章附文。）

坎儿井的延续性

坎儿井延续性的秘密就在于社区对它的定期调整和维护，尤其是发生大的自然和人文改变之后，如干旱、洪水、沙暴、战乱、人口迁出和迁入等。20世纪后半叶，坎儿井遭到的消极影响加速，居民的维护不力导致很多沟渠废弃、死亡。

农民们趋向石油公司和政府机关等更高收入的工作，远离家乡，追求现代化，而同时坎儿井的经济重要性也下降。坎儿井相当于集资股份项目，需从收益中拿出一部分用于维护。但是劳动力的迁出导致收益减少，而懂得坎儿井维护的人才也愈发匮乏。

农民外出收入增加后，远离坎儿井，建立自己的农场，用柴油泵或电力泵进行灌溉。同时，私人农场耗费大量地下水，坎儿井的营养源也开始不足，流量下降甚至干涸，同时计量体系也改变了，也不够稳定。

人口的增长也给坎儿井带来巨大挑战。一方面，农业用地不断被用于住宅建设，另一方面，生活区和坎儿井水源的重叠交叉对水体造成了化学和生物污染，威胁着使用者的健康。

阿曼对坎儿井没有统一的计量单位，传统的浇灌计时随坎儿井而不同。尽管农民们使用阿萨尔作为计时单位，但阿萨尔的时长确定也随着坎儿井不同。这就使得计量标准不够规范。而到了 21 世纪,年轻一代已经对坎儿井技术不感兴趣。同时,很多坎儿井中,种植农民本身也不知道坎儿井的历史和源头,使用的术语、星名和配额单位也越来越无条理,复杂难懂。

鉴于坎儿井的重要性,阿曼政府出台了一系列立法加强保护,并在地方行政和水资源部里,成立了专门管理坎儿井的司局,并颁布了 94/3 号苏丹令,保护水资源。相关司局进行了大量调研,并划拨了巨大预算,加强坎儿井的升级和维护。

世界文化遗产中的阿曼坎儿井

2006 年 7 月,联合国教科文组织把 5 处阿曼坎儿井纳入世界文化遗产名单。这些坎儿井历史久远,都有丰富的考古内涵。5 处坎儿井如下:

1.(贾拉)Jaila 渠,泉水型,位于苏尔(Sur)地区的贾拉(Jaila)镇,从夏巴(Shab)河谷取水,沟渠长 161 米,露天,从水源开始到蓄水池结束。贾拉(Jaila)渠用于浇灌农作物,满足家庭使用,常年流量稳定,受地下水位变化影响不大。

贾拉(Jaila)坎儿井体系包括一个至今有人居住的古迹村,街道建筑均保留古风,所有民宅用石头、砖头和烧土作材料,村子周围有大批重要的古迹遗址。

2. 哈特敏(Khatmin)渠,挖掘型,位于尼兹瓦(Nizwa)

地区的比尔卡·穆兹（Birka mouz）镇，取水于麦丹（Maidan）河谷。从源头到渠尾总长2450米，终年长流，沟渠流经建于苏丹一世·本·赛义夫·本·马立克·亚里巴（Sultan bin Saif bin Malik al-yearubi）君主时代（1649—1680）的拉迪达（Radida）家族城堡。当时建设资金来源于他们1668年在与葡萄牙人展开的第乌（Diu）海战中的战利品。

3. 迈斯尔（Maisr）渠，挖掘型，位于鲁斯塔格（Rustaq）地区，历史追溯到前伊斯兰时代。沟渠深度达地下50米。流量丰沛稳定，沟渠总长5783米。

4. 玛莱奇（Malaki）渠，挖掘型，位于伊兹齐（Izki）地区，系阿曼最古老坎儿井之一。据说命名追溯到马立克·本·法赫米·艾兹迪（Malik bin fahm al-azdi），阿曼最大坎儿井之一，支流多达17条，浇灌大量农作物和枣椰树。有历史文献说这条坎儿井鼎盛时期有120条支流。

5. 达利斯（Daris）渠，挖掘型，位于尼兹瓦（Nizwa）地区，是该地区最大坎儿井之一。渠长7990米，大部分水源来自纳赫勒（Nakhl）地区的阿卜亚德（Abyadh）河谷，浇灌大批农田，流量丰沛，高峰时超过1000升/秒。

名称	种类	行省	灌溉面积（公顷）	平均流量（升/秒）	分配方式	循环周期（天）	支渠数量
贾拉	泉水型	苏尔	1.4	1—3	无	7	1

哈特敏	挖掘型	尼兹瓦	72.3	40—1300	钟表计时	9	2
迈斯尔	挖掘型	鲁斯塔格	113.4	25—850	日落计时	14	2—6
玛莱奇	挖掘型	伊兹齐	157.3	3—500	钟表计时	9	2
达利斯	挖掘型	尼兹瓦	171.6	50—2000	日落计时	8	2—12

纳入世界文化遗产名录的阿曼坎儿井（地方行政与水资源部，2001）

阿曼文化中的坎儿井

坎儿井在阿曼文化中享有崇高地位，无论是教法著作还是司法判决，都少不了坎儿井的身影，甚至有的教法书中有专门章节讨论坎儿井的各个侧面。《坎儿井大全》可以说是阿曼文化遗产中非常珍贵的著作，在世界文化中绝无仅有。

在阿曼民谚中，坎儿井也成为重要的题材，如“沟渠不会搅浑大海”就表达了一种轻视和无关紧要的态度。例如有人不自量力要挑战另一个人，对方不屑一顾，因为他相信一条小小沟渠的水对大海没有丝毫影响。还有“用剩余的水浇灌”这样一句民谚。坎儿井完成浇灌之后，往往剩水无几。所以“用剩水浇灌”就相当于事情几乎结束了。

在阿曼诗歌中，也常提及坎儿井，例如哈米德·本·穆罕默德·本·鲁塞格的诗作：

他的誓言何其多啊，就像坎儿井
他的恩惠甚至不屑坎儿井，不屑大海

再如穆罕默德·本·谢赫·萨利米的诗作：

当丰沛的坎儿井上了他家
我说：世间的人都是瘸子

坎儿井这个词，包括它的衍生词，也被用来命名一些地方和街巷，如穆德希比（Mudhibi）省和伊布里（Ibri）省，都有地方叫做艾夫拉吉 Aflaj（falaj 一词的复数）。卡尔亚特（Qaryat）省有地方叫阿勒·法拉吉 Al-falaj。阿达姆（Adam）省和巴尔卡（Barka）省都有地方叫做福来吉（fulaij），指小名词，意为“小坎儿井”。贾兰·巴尼·布·哈桑（Jaalan bani buhassan）省有地方叫做法拉吉·玛沙伊赫（falaj al-masheikh），意为“老人的坎儿井”。卡比勒（Qabil）省有地方叫做法拉吉·马斯欧德（falaj masoud），意为“幸福的坎儿井”。阿瓦比（Awabi）省有地方叫做法拉吉·巴尼·扈宰尔（falaj bani khuzair）。

卡什·法拉吉（Qash al-falaj）椰枣

有一种椰枣品名叫卡什·法拉吉（qash al-falaj），意为“坎儿井草椰枣”。未熟时呈金色，然后在半成熟和成熟时变成蜜色。这种椰枣只有在半成熟和成熟两个阶段才可以食用，完全成熟时才用于工业加工。不同阶段的椰枣形状和味道也有区别。未熟的椰枣外表光滑、口感涩，半熟和成熟的椰枣柔软可口。

未熟的椰枣呈圆柱形，头圆，底部微平，重量 9.6 克，长度 3.1 厘米，直径 1.9 厘米，含一定数量的纤维，外壳独立扁平，果肉白黄，内部果核饱满光滑，呈椭圆形，咖啡豆色，重量 0.9 克，长度 0.9 厘米。椰枣底部有不太突出的花托，边缘宽阔而整齐。果肉比高达 91%。

卡什·法拉吉椰枣产于东北省和东南省，盛夏时果实成熟。

附：坎儿井在世界语言中的称谓

国家	称谓
伊朗	Qanat
西班牙	Mayrit, galerias
意大利	Ingruttato
伊拉克	Kahriz
阿富汗	Kariz
阿塞拜疆	Kahriz
中国	坎儿井
朝鲜	Mananbo
日本	Mambo，mappo
突尼斯、阿尔及利亚、利比亚	Fajjara
摩洛哥	Fattara
也门	Faldaj
拉丁美洲	Galerias
印度	Surangam

附：坎儿井沟渠维修保养

频率	人员	方式	位置
根据坎儿井所有人协议，每3或6个月	工长管理的工人或坎儿井代理人	从源头到渠尾，清理淤泥、污物和草根	沟渠
根据坎儿井所有人协议，每1、3或6个月	水车工长或坎儿井代理人监督的付费工人，由坎儿井收入支付	清除干渠里的淤泥、污物和草根	干渠
由种植农民决定，间隔很短	种植农民	清理	支渠
自然灾害或较大损毁之后，应代理人要求	政府或坎儿井管理部门	修补沟渠或干渠的损毁	沟渠、干渠

附：阿瓦比坎儿井用来定时的部分星座的本土名称

星名	时间 （单位：阿萨尔）
巨蟹座	4
正义者座	1
天鹰座上	1.5
天鹰座下	2
乌鸦座	2.5
亚当座	2
萨拉一号	2
萨拉二号	2
萨拉三号	2
小熊座双星	2
昴星团	2
金牛座下	2
金牛座上	3
仙王座	2.5
大犬座	1
小犬座	2
飞马座	2.5

附：阿曼坎儿井的地区分布和状态（地方行政与水资源部，2001年）

行省	挖掘型（活跃）	挖掘型（死亡）	泉水型（活跃）	泉水型（死亡）	溪流型（活跃）	溪流型（死亡）	总数（活跃）	总数（死亡）	合计
马斯喀特地区									
卡尔亚特	6	4	46	4	38	19	90	27	117
布什尔	1	0	40	7	1	3	42	10	52
阿米拉特	3	4	18	7	9	8	30	19	49
锡卜	2	5	4	2	2	1	8	8	16
马斯喀特	0	0	1	0	1	1	2	1	3
马特拉赫	0	0	0	1	1	0	1	1	2
合计	12	13	109	21	52	32	173	66	239
巴提奈地区和穆桑代姆省									
苏哈尔	13	2	61	10	243	79	317	91	408
鲁斯塔格	66	4	103	1	112	8	281	13	294
哈卜拉	13	8	42	18	123	73	178	99	277
纳赫勒	14	2	93	13	19	9	126	24	150
萨哈姆	4	8	25	5	58	23	87	36	123
沙纳斯	1	0	10	3	41	21	52	24	76
拉瓦	7	2	4	0	39	21	50	23	73
阿瓦比	9	0	33	9	4	15	46	24	70
苏维格	7	1	1	1	26	0	34	2	36
瓦迪－穆阿维勒	16	13	0	0	0	0	16	13	29
马德哈	2	0	10	1	9	2	21	3	24
布拉卡	1	0	0	0	0	0	1	0	1
合计	153	40	382	61	674	251	1209	352	1561

扎布拉地区和布里米省									
伊布里	62	56	66	23	79	77	207	156	363
彦古勒	9	4	25	3	50	20	84	27	111
马哈达	3	0	10	1	79	7	92	8	100
迪因克	2	1	10	4	28	41	40	46	86
布里米和苏奈纳	10	5	3	0	37	1	50	6	56
合计	86	66	114	31	273	146	473	243	716
内省地区									
萨马伊勒	48	9	24	3	65	75	137	87	224
尼兹瓦	23	10	63	12	25	1	111	23	134
巴德白达	29	6	31	1	30	21	90	28	118
伊兹齐	47	33	6	3	8	14	61	50	111
巴赫拉	22	30	25	5	9	12	56	47	103
哈姆拉	4	0	19	3	10	2	33	5	38
曼哈	6	5	1	0	2	1	9	6	15
阿达姆	4	4	0	0	0	0	4	3	7
合计	183	96	169	27	149	126	501	249	750
东部省地区									
迪马和塔因	31	3	67	12	89	22	187	37	224
穆德希比	75	51	23	3	2	2	100	56	156
苏尔	1	0	61	0	44	1	106	1	107
贾兰·巴尼·布阿里	13	9	0	0	77	2	90	11	101

阿曼苏丹国的游牧生活

作者简介

阿里·本·穆罕默德·本·纳斯尔·利亚米，1979 年出生，2003 年获苏丹卡布斯大学艺术与社会科学学院历史学学士学位，2014 年获阿拉伯研究所历史系近现代史硕士，现供职于阿曼教育部内陆省教育局，并在阿布·扎耶德·利亚米小学担任历史老师。

游牧生活是古代阿曼人的一种生活方式，今天在阿曼境内某些地区依然可见。时过境迁，贝都因人（即游牧民族）的生活模式已今非昔比，但是他们依然在很大程度上沿袭着游牧社会特有的独特习俗与传统，而那些植根传统的价值观、处世原则、伦理观等，也随着人类生活的发展而逐渐发展。

沙漠游牧生活的一个明显特点就是质朴原始，这是沙漠

沙漠图景

干旱、荒芜的自然条件决定的。正因此，贝都因人习惯了常年迁徙的漂泊生活，逐水草而居，喂养牲畜、维持生计。他们最懂得如何平衡人与自然的关系，努力适应环境，向天讨粮，寻找栖身之地。这种简单原始的生活状态与繁荣富足的城市生活截然不同，是贝都因人的显著特点。他们常年在风沙中行走，依山谷而居，只在战争或冲突时才作物资储备，这就要求他们的生活方式尽可能简朴，或者说，这样的生活正是其原始简朴的一种写照。从另一方面说，这也体现了贝都因人对社会生活与自然环境的协调能力。有时，一个地方的物资不能满足整个群体的生活所需，便有人离群索居，独自面对困难，寻找粮食来源。在这种情形下，攻击、劫掠成了最主要的方式。另外，远离群体的孤独感更让游牧的贝都因人感到自由和安全，让其思想变得纯粹，心智得到磨砺，更能深刻思考宗教、信仰等问题。这两个特征也是大多数贝都因人所具有的共性。

阿曼沙漠的牧民恪守着一整套道德观、价值观、处世守则、传统习俗的体系，至今依然践行，贝都因文化的精髓也由此得以保存。伊斯兰教是穆斯林生活中最重要的因素，直接影响着他们的生活模式。而穆斯林们也保护着这些信仰与传统，例如慷慨待人、婚嫁习俗、社会公正、平等。虽然游牧社会受沙漠自然环境影响，看起来似乎即野蛮又残酷，但是上述这些价值观都是游牧社会的显著特征。

如同其他社会一样，家庭也是贝都因人的生活核心。贝都因家庭由父母和子女组成。父亲拥有家庭中的绝对话语权，负责安排家中生计。母亲是家庭中慷慨的代表，是贝都因社会中被保护、赞颂的对象，对一个母亲和孩子的辱骂与伤害就是对其丈夫的不敬。

贝都因人的社会结构及生活特点，决定了他们处理自己部落与其他部落关系的方式，也决定了他们对城市的看法、与城市人打交道的办法、对权力与义务依存关系的理解。

贝都因民族的社会文化是在日常生活中逐渐形成的。在简化日常事务、规范不稳定的生活过程中，贝都因人形成了一套固定的作息时令，还有那些能够反映游牧生活概貌的词汇，如:沙漠、死亡、村庄、骆驼、诗歌、艺术、火、水、草、

贝都因老人

侵袭、劫掠、打猎、骁勇、部落自豪感、谢赫[①]、妇女以及各种表达感官意识、人性情感的意义与概念。这些词汇与概念所体现的情感与审美经过岁月沉淀，成为贝都因社会的文明底蕴与文化传统。

阿曼沙漠里的游牧生活主要依靠自然生产方式，即饲养牲畜，如骆驼、绵羊、山羊等，放牧寻找水源和食物。

牧民们以牲畜所产的奶、肉为食，用羊毛等动物毛发编

① 谢赫，阿拉伯语中的常见尊称，指部落长老，拥有智慧的男子，伊斯兰教教长，在阿拉伯半岛，也是部落首领的头衔之一。

贝都因人沙漠中的居所

织衣物、货袋。动物的毛皮也有不同的功用，如缝制衣裳、用于储物的器皿或水壶等。这种生活模式属于自给自足的经济，至于其他生活必需品，他们则到城市用自己的产品与城里人进行物物交换。

仔细考量阿曼沙漠中贝都因人的主要经济元素，我们会发现它包括了动物、水井、泉眼、山谷、河流、雨水等，这些自然条件养育了草场，形成了天然的牧场。贝都因人以此为生，而它们也构成了贝都因人的经济生活面貌。

骆驼在贝都因人的生活体系中占有重要地位，它可以产奶、肉、皮毛，这也是贝都因人的交通工具，是沙漠运输的必须工具。对贝都因人而言，骆驼象征着荣誉，体现了人的尊卑。先知穆罕默德曾经说过："骆驼是一家的荣耀。"骆驼在贝都因人生活中有崇高的地位，骆驼和人之间能形成亲密

沙漠之舟——骆驼

的关系，在人陷入危难的时候，骆驼会前去拯救主人。

在贝都因人心中骆驼有其他事物都不可替代的崇高地位。直到近现代，贝都因人还将骆驼作为货币进行交易，骆驼在他们心中享有绝对崇高的地位。

骆驼是沙漠之舟，漂泊在贫瘠干旱的沙漠中；它是沙漠的脉搏，在沙漠中的迁徙形成了沙漠的脉络；沙漠中的沃土就是它们脚下的方向；贝都因人在驼背上放声歌唱，骆驼也是贝都因人谈论的话题，是诗歌创作的灵感来源。因为骆驼性格坚韧、可以忍受沙漠的艰苦环境，也是食物的来源和战争时的重要军备。

因为贝都因人对骆驼的喜爱，骆驼成为贝都因文化中的重要部分，这体现在他们的诗歌、传说、对话和夜谈中。这也是贝都因人生活中的有趣现象，哪里有骆驼，哪里就有好事和快乐；骆驼到哪里，幸福和繁荣也跟着到哪里。同时，骆驼也是邪恶的诱因，导致了侵略和复仇。骆驼作为文化遗产的承载物，通常由贝都因男子照顾，骆驼主人在部族中往往享有较高地位。

骆驼从社会、经济层面构成了贝都因人生活的基本元素；它是食物（提供奶和肉）、衣物的来源，可作为运输与交通工具等。面对艰苦的环境，骆驼的耐受力是独一无二的。

驼队曾是贝都因经济的基本支柱，一些城市依靠驼队得到了他们所需要的货物，比如盐、糖等。同样，沙漠中的贝都因人有大量的椰枣，他们到城市、村镇用椰枣换取谷物、咖啡、器皿、衣物等。可以说，驼队曾是从城市至无垠沙漠与阿拉伯湾一带的生活命脉。

沙漠严峻艰苦的生活环境决定了其居民贝都因人的谋生方式；当资源贫瘠、驼队运作困难时，贝都因人就诉诸侵袭，

贝都因人和骆驼

贝都因人的生活环境

通过袭击其他部落，抢劫骆驼、资金、银子、牲畜等，或入侵沙漠边缘的城市、乡村。直到近代，侵袭还是贝都因人的一种习惯，是他们的部落荣誉，也是根深蒂固的传统行为，他们会长途爬涉去侵袭较为遥远的部落。不过他们也有规定，侵袭时不得杀害 15 岁以下的儿童，不得杀害妇女、老人、病人。侵袭和劫掠现象对贝都因人造成了不好的社会影响，不过这些冲突和侵袭在卡布斯·本·赛义德苏丹的光荣时代已经终结了。

苏丹卡布斯玫瑰

分类		
界	植物界	Plantae
门	被子植物门	Magnoliophyta
纲	双子叶植物纲	Magnoliopsida
目	蔷薇目	Rosales
科	蔷薇科	Rosacea
属		/
种		/
名称		
学名	/	
阿语名	苏丹卡布斯玫瑰	
别名	苏丹玫瑰，苏丹卡布斯玫瑰	
英语名	Sultan Qaboos Rose	

苏丹卡布斯玫瑰的枝叶很多，平均高度达 20—100 厘米，复合叶，由五瓣小叶子组成，交叉叠在茎上，小叶形如鸡蛋，边缘呈锯齿状，茎上长有保护性的刺。

阿曼苏丹国皇家交响乐团

1985 年 9 月，阿曼音乐中心成立。

该交响乐团自 20 世纪 80 年代起，不断挖掘阿曼编曲者、管弦乐队指挥、独奏家和乐器导师，以促进阿曼音乐在古典道路上的发展。交响乐团为渴望学习音乐的阿曼人提供了机会，人们可以通过乐团师从世界级音乐家，并参加音乐学校联合理事会及其英国学院的考试，以获得国际认可的资格证书。

1987 年 7 月 1 日，交响乐团在马斯喀特举办了首届音乐会，音乐会促进了阿曼国内外的音乐会复兴。最初乐团的成员都是男性，1988 年后才陆续出现了女性成员。每年 9 月到第二年 6 月期间，乐团定期在阿尔布斯坦皇宫酒店举办音乐会。阿曼皇家交响乐团 2000 年 10 月在比利时第一次举行海外演出，此后每年都把出国演出列入交响乐团的活动日程。

阿曼的宗教宽容哲学

作者简介

艾哈迈德·本·穆巴拉克·努法利，1997年毕业于苏丹卡布斯伊斯兰研究院，获宗教研究学士学位，阿曼作家协会成员，现任阿曼宗教事务与基金部训诫员，曾在阿曼多家学术机构授课，并发表多部著作。

每个社会都有各自的特点和价值观，虽不尽相同，但探讨的核心问题都是人的价值。阿曼社会并非完美无缺，它像其他人类社会一样，有错有对、有善有恶、有好有坏。对于宗教宽容，它有自己独到的哲学。我们如何理解阿曼社会中的这种互容呢？古往今来都有哪些例子呢？

在讨论阿曼的宗教宽容之前，首先需要指出，“宽容”这一词语指强者应厚待弱者，为与其共处适当牺牲自己的一些权利。尽管《古兰经》中并未使用这一词语，但使用了类似的概念，如“合作、相知、宽厚、饶恕、善待、义举”。这些概念的语义较之“宽容”更为深刻，指明了在共同承认的人类价值观基础上人与人的相互联系。“宽容”，因要求无论宗教、性别、种族、肤色存在何种差异，人类均应和平共处，所以“宽容”更为接近“共处”的概念，即摒弃宗派主义、教派主义、部落主义、教条主义，以人类价值观为基础，和平共处、合作、相知。当然，这一解释并不意味着抛弃“宽容”一词，反之，该词已成为实现人类团结的主流术语之一，类似的术语还有：“互谅、求同、共处[①]”。

正如我和纳巴勒·扈马什教授在《阿曼教法对社会行为的影响：以“宽容”为例》一书中指出的那样，通过例举伊历三世纪至六世纪期间所记载的阿曼教法，可知阿曼的宽容哲学正是基于那些人类价值观，或者说是基于和平共处理念之上。当然，这并不是说在这段时期之前阿曼社会就没有宽容之举。相反，宽容观早在伊斯兰教产生之前就存在于阿曼社会。当伊斯兰教传入阿曼时，阿曼人正是以人性之宽容接受了这一宗教，因为他们认为伊斯兰与他们的和谐氛围能够共处共生。在伊斯兰教产生之前，阿曼地区的拜物教徒、犹

① 参见：巴德尔·阿布里：《激进教义》，第131页。

太教徒、基督教徒、祆教[1]徒们就曾和睦相处[2]。

据口传史料，阿曼人是以和平方式接受伊斯兰教的，没有战争、没有杀戮。先知穆罕默德派出使者阿慕尔·本·阿希，穆斯泰克比尔的两子阿卜杜和杰法尔（当时阿曼的两位国王）便皈依了伊斯兰教[3]。阿曼社会的穆斯林与非穆斯林共同生活，彼此包容、共处、合作、互知、行善。

阿曼宗教宽容共处还体现在教法对拜访非穆斯林家庭时的礼仪规定。例如进门前要先得到主人的允许。如果在犹太教、基督徒、祆教徒家中做客，到了礼拜时间，可以在主人家中根据教义规定行礼拜；又如不得伤害非穆斯林邻居而应善待他们[4]。

《古兰经》忏悔章中说道："以物配主者皆污秽"[5]，一些经注学者称此处的污秽是具体的，而开明的阿曼教法学家们则认为：基于全人类和平相处的原则，这里的污秽指精神层面

---

① 祆教，一般指琐罗亚斯德教，是流行于古代波斯（今伊朗）及中亚等地的宗教，中国史称祆教、火祆教、拜火教，伊斯兰教诞生之前西亚最有影响的宗教，古代波斯帝国的国教。其教义一般认为是神学上的一神论和哲学上的二元论。琐罗亚斯德教的经典主要是《阿维斯塔》，意为知识、谕令、或经典，通称《波斯古经》。

② 参见：萨勒马·本·慕斯利姆·欧提比：《谱系》，1—2 部。

③ 参见：萨勒马·本·慕斯利姆·欧提比：《谱系》，1—2 部，第 260—262 页。

④ 参见：纳巴勒·扈马什、艾哈迈德·努法利：《阿曼教法对社会行为的影响：以"宽容"为例》，第 52 页。

⑤ 出自《古兰经》第九章（忏悔章）第 28 节。

的涵义，即思想侵害而非具体物质。[①]

又如，据伊历三世纪史书记载，阿曼教法学家费德勒·本·哈瓦利拜访同为教法学家的齐亚德·本·沃达哈，见他正和一名祆教徒吃饭，两人共用一个器皿。[②]

阿曼人从不强迫非穆斯林皈依伊斯兰教，并三令五申：若有人被强制信教，有权改信其原来宗教。阿曼大学者欧特比曾说："基督教徒、犹太教徒、祆教徒若受人强迫皈依了伊斯兰教，强迫者死后，受迫者及其成年子孙有权改信原来的宗教。因为伊斯兰不是建立在强迫基础之上。"[③]

阿曼的犹太人安居乐业，自由经商，他们在苏哈尔的陵墓十分出名，阿曼人和犹太人之间也常做些合法生意。[④]

有不少非阿曼人也谈到过阿曼的这种宽容精神，旅行家沃利姆·胡尤德在其书中写道："马斯喀特的居民及其包容，他们对待其他信仰的人都是一视同仁。"[⑤]此外，英国皇家海军军官菲尔克斯·希格将军曾在阿拉伯半岛宣传基督教，他在阿曼分发《新约》，发现并无人前来制止。有人告诉他，阿曼人家中常有三四册《新约》全本或是其中部分，希格将军还

① 参见：纳巴勒·扈马什、艾哈迈德·努法利：《阿曼教法对社会行为的影响：以"宽容"为例》，第 51 页。又：艾哈迈德·本·萨欧德·塞亚比：《教法革新观》，第 154-155 页。

② 参见：赫米斯·本·赛义德·夏格希：《求真之路》，卷二，第 394-395 页。

③ 萨勒马·本·慕斯利姆·欧提比：《启明》，卷三，第 81 页。

④ 参见：艾哈迈德·本·萨欧德·塞亚比：《教法革新观》，第 135 页。

⑤ 希拉勒·哈贾利：《英国旅行家们眼中的阿曼》，第 135 页。

和当地人、甚至与法官讨论宗教话题，以《新约》相赠，并与他们一同祷告。[①]

阿曼人对待基督徒十分宽容，甚至允许基督传教士进入清真寺传教布道。法朗士神父曾写信给自己的兄长，喜悦之情跃然纸上："在马斯喀特和马特拉赫，我能到清真寺里去诵经布道，比突尼斯甚至印度更自由。"[②] 他也在其他场合盛赞阿曼民风与其宽容精神，"他们为何时常允许我到他们的清真寺里去讲学，其实我也弄不明白，真怕这事好过了头，会不长久。"[③]

这些例子不再一一赘述，翻翻教法典籍、历史书、英国人的游记、阿曼基督传教士的书信……关于不同历史时期阿曼宗教宽容的例证比比皆是。阿曼的教法也提倡伊斯兰不同教派之间的包容、共处、共知。翻阅阿曼教法百科全书，不难发现阿曼人并不只局限于伊巴德派思想，他们对其他伊斯兰教派的思想均有涉猎，而且并非浅尝辄指，而是有深入的讨论，或许有的阿曼教法学家还更认同其他教派的某些观点。阿曼大教法学家艾布·赛义德·凯德米对伊朗沙斐仪派教法学家伊本·蒙扎尔·尼萨布里的《指点迷津》做了注解，阿

① 参见：苏莱曼·本·萨利姆·侯赛尼：《阿曼德基督教传教运动》，第 20、27、37、38 页。

② 参见：苏莱曼·本·萨利姆·侯赛尼：《阿曼德基督教传教运动》，第 74 页。

③ 参见：苏莱曼·本·萨利姆·侯赛尼：《阿曼德基督教传教运动》，第 74 页。

曼苏丹宗教基金与事务部近期已出版此书。

从古至今，阿曼的伊斯兰各大教派均和谐共处。伊巴德、沙斐仪、什叶、罕百里和马立克等各教派同行拜礼，相互往来、通婚，这也得益于卡布斯·本·赛义德苏丹的治国有方，他支持国民之间情同手足、和谐共处。苏丹认为阿曼人的现在与历史始终以宽容与和平共处等价值观为核心，而这一认识又将继续强化并发扬这些价值观与道德观。正因如此，2006年，卡布斯·本·赛义德苏丹在阿曼委员会年度会议发表演说时指出“我们恪守这一方针，捍卫真理、公正、和平、安定、包容和友爱”。[①]1995年海湾合作委员会召开第16届首脑会议，苏丹卡布斯在开幕式上说道：“我们始终相信，我们追求的和平，能实现地区安定繁荣，实现人民安全和平，这是公正、全面的和平，根除了暴力色彩，消灭了极端因素，弘扬各民族间包容、和平共处、文明相待的价值观。”[②]

最后，笔者以为阿曼的宽容哲学并非空穴来风，它基于以下深刻因素：

一、在伊斯兰教产生前后，阿曼一直存在多元宗教环境，阿曼人民对此安常处顺。

二、阿曼古文明及其与世界其他国家、民族、人民间的商业往来，如罗马、叙利亚、奈伯特、两河流域以南、波斯、

① 扎克里亚·本·哈利发·穆赫利米：《苏丹演说录》，第141页。
② 扎克里亚·本·哈利发·穆赫利米：《苏丹演说录》，第149页。

巴基斯坦、印度、也门和东非等[①]。这些地区在历史上也并非宗教一元化，而是不同宗教、习俗并存。因此，包括阿曼文明在内的这些大文明，为维护自身的发展延续，都需要和平相处、宗教互容。

三、伊斯兰教积极捍卫人类价值观，并将现世有为与后世福报相结合。

伊斯兰教训导要接受他者，对这一教义，阿曼人民按照自己的理解全力践行。

阿曼教法不排挤其他教派，对其他派学说观点予以尊重并接受探讨，博采众长。

苏丹卡布斯治国有方，国家法律具有可持续性，并倡导宽容、和平共处、摒弃激进极端之风。

① 参见：艾斯梅汉尼·赛义德·杰尔维：《阿曼古港口及其对世界贸易的贡献》。

国家与知识分子

作者简介

伊赫桑·本·萨迪格·莱瓦提，阿拉伯语语言文学博士，现任苏丹卡布斯大学文学与社会学学院阿拉伯语语言文学系教授。曾出版短篇小说集《路在何方》《逃》等，并在权威学术刊物上发表多篇论文。

任何国家如面临关乎命运存亡、文化兴衰之挑战，定当全力以赴捍卫自身利益，免受滔天浩劫，将一切化为乌有；此事也必然要求善用人才，各行各业各阶层均人尽其才，当然，也务必做到才尽其用，人事相宜。

本文主要讨论“知识分子”这个阶层。无论任何时候，无论任何民族，知识分子都具有举足轻重的地位，这一点毋庸置疑。人们也始终清楚知识分子在国家事务，特别是重大事件上所起的关键作用。也正因此，知识分子往往让暴君与独裁者们提心吊胆，惶惶不可终日。传说希特勒或者是他的某位副手曾说:“一听见‘文化’这个字眼,我就会掏出手枪。”

眼下伊斯兰世界局势动荡，这要求我们比以往任何时候都更加关注文化事业和知识分子，保证其作用的发挥，这主要体现在以下几点：

一、积极培养知识分子。这一说法看似无稽之谈，因为知识分子要么有，要么无，而“国家积极培养知识分子”这样的说法显然含糊其辞。可是我们只要想想当下存在的各种各样的问题正阻碍着知识分子们发挥其作用，就不会觉得上述措辞有何不妥。可能最关键的问题就在于我们对“文化”这一概念理解不清。不同阶层、不同领域，对文化的理解都不尽相同。正如穆罕默德·阿比德·贾比利所说：问题错综复杂到只有我们将其与英文 culture 一词相联并结合思想家马利克·本·纳比的观点，才能了解该词的特殊语义。事实上，这个问题并非如一些人所想的那样，只是概念世界的纯理论。相反，它会对现实世界产生直接的、实际的影响，特别是在对“知识分子”的定义上。显然，多数人会把那些读了几本书的人一律冠上知识分子之名，哪怕他们读的不过是些无聊的报纸杂志，或者是些关于文化贡献、社会思想成果方面的支离破碎的内容。他们对所读内容囫囵吞枣，得到的思想与文化知识根本无法转化为真正的贡献与成果。以为“知识分子”

就是那些"有知识的人",这种概念混淆的确是不争之事实了。

思想家、有识之士，代表着他们的国家。国家对文化的定义必须清楚，或者尽可能降低概念的模糊性，避免歧义、语义混乱，甚至马鹿易形。

二、为文化发展和知识分子的成长创造健康环境。所谓的健康环境，指国家重视发展国民的文化素质。什么时候有了这种发展，那些浑水摸鱼以满足一己私欲的人、那些打着文化名义、拉着与时俱进的幌子给年轻一代灌输无用思想的人就不会得逞，同时那些混淆视听、借宗教之名的阴谋企图才能被挫败。在此情况下，宗教是无辜的。文化发展并不是提出什么口号和标语，而是一套系统的工程，需要国家寻找可行可用之才，并制定合理的方案计划。

三、知识分子在国家发展战略制定上应占有一席之地。国家发展需要考虑日常事件、每日变化，才能适应不同人群的需求，同时国家的发展也与它的文化及其历史文明积淀相关。自然，只有在文化与思想上有所建树的人才能担负起勾勒民族前景、规划国家未来的大任。一个知人善任，懂得让知识分子参与国家规划、蓝图制定的民族，才深谙文化并非只是书本与经典中充斥的信息，而是生活的真谛。如果个人生活中已有了这样的实践，就更应将之推广至整个民族的所有阶层，那时候，就由实力说话，能者上，平者让。

几乎被遗忘的格律[①]

民间诗人进行的创新和变革，是否已经触及我们的民间诗歌遗产的各个成分：从语词到意象，从句子到格律？这个问题非常急迫，我可以为此援引充分的理由，也许我比别人更相信这些理由。我们的先辈民间诗人在阿曼，也包括毗邻的阿联酋，曾经写过很多简短、快促的格律诗，适应着他们当时并不像今天这般快速的日常生活。但是，每种格律都带着情感和诗人想要传达给听者的信息。在我看来，我们之所以逐渐远离了或者说忽视了某些这样的格律，部分原因可以总结如下：

这些格律，如果与今天青年诗人惯常使用的格律相比，简短了些，也妨碍了想法和意象通过某个诗句传达出来，更不用说，有的时候，每行都押韵，或者有的时候，如果整首

① 本文是作者拉希德·本·赛义德·夏米西前后发表在阿曼《祖国报》民间诗歌学会副刊上的系列文章集。

诗押单韵，韵脚都落在后半句上。因为韵脚通常是数个字母的组合，为了押韵，诗人往往被迫把意象搞得支离破碎。所以很多诗人都不喜欢这种妥协，更愿意在一行诗中都围绕一个完整的分支意象。

有些人错误地以为，诗歌中的创新和变革，必须通过长格律才能实现。

长格律赋予诗人更大空间，让他能够慨然表达他在短格律中无法自如表达的东西。

大部分这样的短格律，都被标签式地贴在我们地区的民间歌唱艺术上。对于这样一种来自听者和批评家的指责，似乎我们多数人，都不愿意听到。

一些人以为，较之短格律，长格律更能把他们的诗意与诗性传达给外界。

我之所以努力把一些目光投向这样的格律，就是因为它们已经几乎被大多数民间诗人遗忘了。也许这些格律的称谓可能随地区不同，但确是真实存在的。

Wanna 格律

Wanna 格律是古代非常著名的一种诗格，Wanna 实际是 anin 的变体，意思是“呻吟”。Wanna 格律易于歌唱和背诵，通常由诗人本人或演唱者单独表演，也可以双人合作表演。由于表演者现场会即兴创作一些曲调，所以如果表演者多于两人，表达、感觉和气息的协调就比较困难。通常歌唱都是逐句进行，一个歌者开始第一句，另一个歌者加以重复。然后第一个歌者转到第二句，第二个歌者也跟着转移。

Wanna 格律写就的长诗，通常都携带炽热的爱情，或者暗含对逝去时光的追忆，满载诗人对听者的嘱托：希望听者把他的痴情和忧伤，通过诗行，传递给遥远的爱人或目标。

Wanna 格律有两种：

第一，两个半行，不同的韵脚，例如：

折磨人的爱情，请怜悯安抚他吧；
减轻他的病痛，哪怕用绳索捆绑。

再比如：

恼人的微风，如同漆黑中的光亮；
惊醒了睡者的伤口，睡在黑暗最深处的人；
我不会怪你，因为你不是我的敌人；
你是我永远的伙伴，永远的酒侣。

值得注意的是，很多用 Wanna 格律写就的长诗，都以呼唤词 ya 开头。半句诗的节奏通常是 faalun，faalun，faoolun，或者 faalun，faoolun，faalun，上面两首诗歌可以为证。

Wanna 格律有一个其他民间诗歌格律都没有的特点：诗人通常在一首诗作中，无拘无束地在 faalun，faalun，faoolun 和 faalun，faoolun，faalun 之间游转。

同时，Wanna 格律也可能包含三个半句，三个韵脚，或者前两个韵脚简单重复，而第三个韵脚完全不同。这种格律叫三重 Wanna，例如诗人、博士马尼亚 . 欧泰白 (Mania Al-outaiba) 的作品：

镀金的角尺，起来吧，你是我的代表；
去空房子吧，不要离开，抄近路小路；
如果你能找准位置，高高在上，西方南方之间；
便会发现它像我，我的装饰，你的目标。

这种格律的节奏是：faalun，faalun，faoolun + mustalun + faalun，faalun ，faoolun。第三个半句中的 faoolun 有可能变成 faool。

Radah 格律

Radah 是一种受人喜爱的歌唱格律，节奏快，可以单人演奏，也可以两队合奏，每队可以包括一人或多人。Radah 的曲调通常固定不变，用 Radah 写就的长诗，可以表达任何主题。从表面上看，Radah 格律分为两种：

第一种，例如诗人拉希德·赫达尔（Rachid Khadhr）的作品：

有家住的人请善待来访者，当天你们答应了我们才来的；

请用心地浇灌你们的羚羊，用你们的水浇灌干渴的人；

他的心为爱你们而煎熬，追逐你们有三年之久；

早晨无法接近，夜晚永远磨人。

这种 Radah 格律，其节奏是 failun, failatun, falun*2。这种格律是永恒不变的，无法增减一个字母，否则就会被视作一种缺陷，让格律破碎。

第二种 Radah 格律，例如女诗人法苔·阿拉布（Fatah Al-arab）的诗作：

我说我不会顺从你们让我很受责备，我的心拒绝顺从；

它愿意为你痴迷，如果我没有什么益处；

你的花园没有作物，心包深处却有种植；

你是自然的装饰，若不是你我的眼睛不会洒泪；

为了你我不讨价还价也不卖，我要买你除非卖被禁止。

拉希德·赫达尔（Rachid Khadhr）也有这种格律的诗作：

一对骆驼建房子，被毁坏的别墅；

但愿我们是两只鸟，摆脱了老鹰和猎人；

或者是两个星座，时隐时现；

或者是树上的两根枝条，与角尺和乌鸦举杯共饮。

这种节奏是 mustafailun，mustafailatun*2，同时有可能在前半句或后半句的末尾增加一个字母，如同上述女诗人诗作中出现的一样。

Taghrud 格律

这种格律就相当于赶骆驼时唱的骊歌，由一名歌者表演，也可由两队轮流独立完成一个诗句的表演。Taghrud 格律中通常一句一韵，这种特征只存在于 Taghrud 和 Musabba（意为七个）格律中，Musabba 也叫“祖海里”格律。在古代，最常见最著名的 Taghrud 格律都是发送给某些特定听者的信号：如爱人，兄弟，朋友等，或者用于夸赞和描写骆驼。

例如诗人塔希尔·欧麦里（Tahir al-omairi）的作品：

朋友，黑夜展开悲伤；

它的幽灵跳跃，在树枝的影子中；

所有的心事经过你，干渴；

干渴至极，它的梦凉凉的；

路都睡了，你的脚步却彻夜无眠；

夜晚路过，我们的星星困了；

只能在泥土中为你挖掘位置；
采摘蜃景，用沙丘饮你。

这种格律的节奏是mustafailun，mustafailun，mustailun，也可以是mustafailun，mustafailun，mustafailun，例如诗人哈米德·哈拉·努埃米（Hamid al-hala al-noaimi）的作品：

骑着金黄大马的人
精瘦干练的脊背
把我埋到其中去吧
世间的灾难驾着驼轿走来

Aazi格律

这种格律在阿曼各省都有使用，是一种赞美和夸耀的艺术，几乎每个阿曼人的记忆里都有它的痕迹。我们此处探讨的，更多的是这种格律的诗性而不是艺术性。Aazi格律通常只有一种节奏，快速的，mustafailun，mustafailun*2，韵脚有两个或一个，通常是四重的。

例如诗人哈姆德·哈贾利(Hamood al-hajari)的作品：

你们为何蜂拥到这条路上，经过可见的这座门；
沉默不语，步履疲惫休息片刻接着出发；

茫然无措地仿佛要把我丢到水里淹死，我在回忆一生的错误；

边走边喊你不要醒来，漫不经心地呷一口酒吧；

我柔嫩的皮肤下面，跳跃着纯洁的天使。

我本人也有 aazi 格律的诗作：

我停下来近距离观摩，神奇的景观；

伤口本就是如此流血，还是爱人的热望?

Maidan 格律

Maidan 格律只有一种节奏：mustafailatun，mafaailun*2，在某些海湾国家被称作“混合短格律”。例如我本人的诗作：

威严的法官大人，但愿您能听听敲门来访的人；

我满怀热望来到您这里，一生为您陶醉；

我喜欢您的骄矜，无论远近聚离；

您自小骄纵执拗，光芒像晨光。

刻着艾哈迈德·本·希拉勒名字的银币

作者简介

贾马勒·本·穆罕默德·本·苏莱曼·肯迪，阿曼尼兹瓦人，生于1974年1月24日。自1986年开始，贾马勒·肯迪对阿曼文化遗产情有独钟，并致力于伊斯兰古币和阿曼文化遗产的研究。现为尼兹瓦古堡博物馆馆长。始终致力于传承阿曼文化，曾多次策划国内外各大展览。

伊历299年，阿拔斯哈里发穆克泰迪尔一世（伊历295—320年）在位期间，阿曼铸造了一批新的银币。艾哈迈德·本·希拉勒这个名字，第一次被刻在了银币上。那么艾哈迈德·本·希拉勒究竟是何方人士?

伊斯兰古币专家称，艾哈迈德·本·希拉勒是阿曼萨马·本·路易·本·戈里布部落的族人，祖上属于大名鼎鼎的古莱氏部落，萨马·本·路易和哥哥阿慕尔大吵一架后，从麦加出走迁到阿曼。而据阿曼典籍记载，萨马在弑杀哥哥克尔布·本·路易后，从内志迁到阿曼。还有说法称他挖了其兄的一只眼后被迫迁徙，后来在阿曼阿拉伯湾沿岸一处名为“海洋之剑”的地方定居，该地区大概就是朱尔法（今天的海玛角地区）到扈尔·欧代德滨海湖。

萨马·本·路易部落和阿曼当地人一起皈依了伊斯兰教。伊历11年，哈里发艾布·伯克尔在位期间，萨马部落加入赫里特·本·拉希德将军麾下，参与迪巴战役剿灭叛乱部落。萨马部落在阿曼地位举重若轻，艾布·伯克尔曾说：“萨马人在阿曼的力量不可小觑，他们威震一方，有可观的财富和坚固的防御体系。”

伊历278年，尼扎尔部落的一位大学者——法官穆萨·本·穆萨·本·阿里·本·阿兹拉被杀，尼扎尔部落当时在阿曼位高权重，可直接左右伊巴德派伊玛目的任免。这起事件引发了历史上著名的盆地战役，萨马人在此战中死伤惨重，包括法德勒·本·哈瓦里·萨米和许多尼扎尔部族人。阿曼城内血流成河，叛乱四起。萨马部落的穆罕默德·本·高希姆和巴希尔·本·蒙扎尔逃出城外，情急之下前往巴林求助阿拔斯长官伊本·布尔，此举无疑是雪上加霜，在伊本·布尔建议下，两人前往巴格达向哈里发穆阿泰迪德（伊历279—289年在位）求助，并得到哈里发应允。当然，如此良机拱手相赠，哈里发怎能不同意？哈里发大军兵临城下，阿曼人惨败，伊玛目阿赞·本·泰米姆·赫鲁希·艾兹迪（伊历 277—280 年在位）在萨姆德·谢恩与迪马两场战役后被杀。伊本·布尔趁机入主阿曼，腐败猖獗，杀戮不断，暴行不止，斩首割耳之行随处可见，他下令挖眼焚书，苛捐杂税，阿曼百姓流离失所，特别是尼兹瓦的百姓，在经历惨绝人寰的暴行后，纷纷逃往巴士拉或山中。

伊本·布尔镇压了阿曼暴乱，弃阿曼城而去。阿拔斯王朝扶持了新的阿曼长官，据史料记载，艾哈迈德·本·希拉勒便是其中一位。根据出土的阿曼伊斯兰时期古币，我们可以推断出他更准确的统治时间。希拉勒在位期间，将都城从内陆城市巴赫拉迁到了海滨城市苏哈尔。苏哈尔港口商业兴盛，海运繁忙，使阿曼有能力向阿拔斯人缴纳贡税。可是按阿拔斯人史书记载，这些贡赋仅是由非穆斯林人缴纳的，所以看看他们是如何描述阿曼人的。作为阿曼人，我们应认真审慎地研究历史，并以史为鉴。

概言之，艾哈迈德·本·希拉勒在阿曼的统治始于伊历 299 年，并非史料记载的伊历 280 年。那么伊历 289、290 和 291 年间，阿曼货币上出现的名字艾哈迈德应该是指艾哈迈德·本·侯赛因。

最后一次发行刻有艾哈迈德·本·希拉勒名字的银币是在伊历 312 年，而非之前所认为的伊历 316 年。1999 年在布哈桑部落的杰兰市出土的宝藏中，发现了一些古币，但因年代久远，加之过去的铸币技术，造成了误读，正确的年份应该是312年。这样，我们可以推断艾哈迈德·本·希拉勒的在位年份是伊历299年至312年。所有货币均在哈里发穆克泰迪尔一世在位期间铸造，已有记载的铸造年份为：伊历299、300、301、302、303、304、305、310、312年。

这段时期也是阿曼铸币史上的一段连续时期，此前的最后一批货币是伊历298年萨法尔王朝以塔希尔·本·穆罕默德·萨法里名字铸造。之后自伊历299年，钱币上出现了萨马人艾哈迈德·本·希拉勒的名字。伊历313年，阿卜杜勒·哈利姆·本·易卜拉欣的名字出现在钱币上，但史料对此并无记载，这个名字至今身份不详。伊历314年，出现了刻有尤素福·本·伍杰赫的钱币，这是一种纪念币，数量稀有，阿联酋的阿卜杜拉·本·贾西姆·穆提利教授收藏了一套。值得一提的是，尤素福·本·伍杰赫是艾哈迈德·本·希拉勒的外甥，曾是他麾下的一名将领。

另外，我们还需更正艾哈迈德·本·希拉勒的名字。有的史料记载他全名为艾哈迈德·本·哈利勒，有的史料记载为艾哈迈德·本·海利勒。这两种都是错误的解读，原因可能是当时的铸币技术不过硬。这位来自萨马部落的阿曼统治者正确的全名就应该是艾哈迈德·本·希拉勒，历史上根本不存在艾哈迈德·本·哈利勒或海利勒这样的人物。两套带有艾哈迈德·本·希拉勒名字的银币均标有阿曼铸币号，为：299–301–304–305–310–312。

所有钱币格式统一，只是铸造年份不同。

第尔汗正面中央写有：

万物非主

唯有真主

真主独一

艾哈迈德·本·希拉勒

正面沿着边缘刻有两圈字，内圈为：奉真主之名，这枚第尔汗铸于299年；外圈为：身前事身后事均归真主，信士为主道而喜悦。

背面写着：

真主

穆罕穆德

主的

使者

穆克泰迪尔

背面沿边缘刻有：真主派穆罕默德为我们指引正途与全真信仰，哪怕这会遭致异教徒们的嫉恨。

参考文献：

阿曼遗产与文化部：《阿曼全集》，2013 年，第一版。

易卜拉辛·法德里：《阿曼铸造的伊斯兰钱币》，硕士论文，未发表。

卡布斯苏丹文化艺术文学奖

作者简介

拉希德·本·哈米德·本·穆罕默德·杜盖希，2013年获教育学硕士学位，曾任伊斯兰学科研究院社会研究主管，现就职于卡布斯苏丹高级文化科学中心，任卡布斯苏丹文化艺术文学奖办公室副主任。

卡布斯苏丹文化艺术文学奖是阿曼国内与阿拉伯区域层面为表彰创造成果所颁发的定期奖项，根据第18/2011号皇家法令设立。作为年度奖项，卡布斯苏丹文化艺术奖实行轮流制，第一年为国内奖项，仅阿曼人参加；次年为区域表彰奖，阿曼人与其他阿拉伯人均可参与。

该奖项设文化、艺术、文学三项大奖，在各奖项下每届选三个主题，每个奖项设一名获奖者，表彰年度优秀知识分子、艺术家与文学家。

卡布斯文化艺术文学奖充分证明了阿曼领导人的开明思想，该奖旨在支持文化艺术文学繁荣、促进人类文化进步、推动科学发展、思想进步，丰富文化知识底蕴，培养年轻一代发扬传统、追求革新的价值观，创造学术良性竞争的良好环境。它鼓励以研究、创新为基础的各领域学术争鸣，表彰知识分子、艺术家和文学家们为革新思想、陶冶人类情操所作的文化贡献。该奖项的设立肯定了阿曼在历史、当下与未来，以其物质、思想与知识成就，为人类文明发展所作的贡献。

该奖项的设立与执行由卡布斯苏丹高等文化和科学中心负责，该中心承担的主办工作包括确定各领域的选题、公布候选资格起始日期、组建初选委员会和终审委员会、确定比赛结果公布日期、颁奖。

在阿曼国内大奖之年，获奖者被授予“文化科学艺术文学奖章”以及五万阿曼里亚尔的奖金。在阿拉伯区域大奖之年，获奖者被授予“卡布斯苏丹文化科学艺术文学奖章”以及十万阿曼里亚尔的奖金。

今年是该奖项设立的第七个年头，是阿曼国内大奖。评委会已确定文化奖主题为非物质文化遗产研究，艺术奖主题为电影短片，文学奖主题为民间诗歌。

历届获奖情况：

年份	2012 年（阿曼国内奖）		
届数	第一届		
主题	社会学研究	油画	短篇小说
	文化奖	艺术奖	文学奖
获奖者	穆赫辛·肯迪博士	拉希德·布鲁希	马哈茂德·拉哈比

年份	2013 年（阿拉伯区域奖）		
届数	第二届		
主题	当代思想问题研究	音乐	标准语诗歌
	文化奖	艺术奖	文学奖
获奖者	阿卜杜·伊拉·巴勒格齐兹博士	音乐家阿米尔·阿卜杜·马吉德	赛义夫·拉哈比
	摩洛哥	埃及	阿曼

年份	2014 年（阿曼国内奖）		
届数	第三届		
主题	教育研究	摄影	戏剧编剧
	文化奖	艺术奖	文学奖
获奖者	赛义德·扎法里博士	艾哈迈德·沙基里	伊马德·杉法利

年份	2015 年（阿拉伯区域奖）		
届数	第四届		
主题	阿拉伯语言研究	阿拉伯书法	儿童文学
	文化奖	艺术奖	文学奖
获奖者	阿卜杜·萨拉姆·马斯迪博士	穆罕默德·谢利菲	穆罕默德·戈齐博士
	突尼斯	阿尔及利亚	突尼斯

年份	2016 年（阿曼国内奖）		
届数	第五届		
主题	翻译	摄影	戏剧编剧
	文化奖	艺术奖	文学奖
获奖者	赛义德·扎法里博士	艾哈迈德·沙基里	伊马德·杉法利

年份	2017 年（阿拉伯区域奖）		
届数	第六届		
领域	经济研究	建筑设计	文学批评
	文化奖	艺术奖	文学奖
获奖者	贾拉勒·丁·艾敏博士	无	萨阿德·巴兹伊博士
	埃及		沙特

每届奖项的候选人名单都在增加，说明该奖项的广泛影响和良好声誉。评委名单中既有阿曼人，也有来自其他阿拉伯国家的，使该奖的评选过程从始至终都具有可信性、权威性和公正性。

列入人类非物质文化遗产名录的阿曼遗产

阿曼遗产与文化部

根据联合国教科文组织的定义，非物质文化遗产指被各群体、团体，及有时被个人视为其文化遗产的各种实践、表演、表现形式、知识体系和技能，及其相关工具、物品、工艺品和文化场所。群体和团体因其所处环境、与自然界的相互关系和历史条件的变化不断，使这种代代相传的非物质文化遗产得到创新，同时也使自我拥有某种认同感和历史感，进而促进文化的多样性并激发人类的创造力。在非物质文化遗产公约中，仅考虑符合现有国际人权法，符合各社区、群体和个人间相互尊重的需要、顺应可持续发展的非物质文化遗产。

项目名称：阿尔巴拉（Al-bar’ah）

列入联合国教科文组织代表名录年份：2010 年

阿尔巴拉是阿曼南部佐法尔地区最著名的民间艺术之一，是当地人在不同环境进行的一种表演艺术。其形式是由两名男士右手持长剑，进行极具精确度和协调性的肢体表演。在国家庆典中，表演者可以为多人。在阿尔巴拉表演中，会使用打击乐器和吹奏乐器，例如笛子、拉赫玛尼、卡斯尔、米尔瓦斯（手鼓）、铃鼓，也会用到弦乐器，例如四弦琴；同时，阿尔巴拉艺术中也运用到丰富多样的诗篇。

阿尔巴拉

项目名称：阿拉兹 (Alazi)

列入联合国教科文组织代表名录年份：2012 年

阿拉兹是阿曼全国多个省份都广为流传的一种艺术形式，它是一种诗歌艺术，表达对祖国和社会的荣誉、赞美和自豪感。阿拉兹通常以“壮大的穆斯林们”开始，之后参加的人会重复“真主至大”，之后会重复一些固定诗句。整个过程中会有一名诗人时而挥舞短剑，一群人簇拥其身后，众人欢呼直至结束。之后阿拉兹就直接进入到诗歌吟唱环节，表演者会放缓节奏,诗歌起兴一般是“叶瓦卜(阿曼一部落名称)和叶瓦卜的人民啊”或者“愿真主保佑他”，吟诵过诗歌的第一联后，队伍静止不动，直至第二联诗再重新移动，接着再静止，如此反复直至结束。

项目名称：阿尔－塔古尔达 (Al-Taghrooda)

列入联合国教科文组织代表名录年份：2012 年

塔古尔达是贝都因人在旅途中进行的一种吟唱形式，通过歌唱表达内心的快乐与悲伤。其表现形式是将传统诗歌进行轮流吟唱，男子骑着骆驼旅行时会创作并独自吟唱。塔古尔达最初都是短诗,绝大多数为即兴创作,再由其他旅者重复。塔古尔达的诗歌主题丰富多样,最常见的如爱情、忧愁、友谊、祝愿、赞美、哀悼，通常塔古尔达中的诗歌只有几联。

文化项目名称：艾亚拉（Al-Ayyala）

列入联合国教科文组织代表名录年份：2014 年

艾亚拉是阿曼民间艺术之一，由多人表演，参与表演的人群称为“阿利德”(意为对歌者)，人群面对面站成两排，跟着节奏有次序的或聚或散，他们一手持棍棒，另一只手握着同伴的手，一起摆头，举起长棍并抬起脚，构成艾亚拉表演中庞大的阵容。而音乐家则居队伍中央，一名艾亚拉诗人向队伍吟唱诗歌，并由“阿利德”们重复。

艾亚拉

文化项目名称：马吉里斯聚会（Majalis）

列入联合国教科文组织代表名录年份：2015 年

马吉里斯聚会是社会成员聚集在一起讨论时事、聊天、交流、招待客人、休闲娱乐的地方，也是重要的宗教和社会场合。马吉里斯聚会是一种社会文化活动，是传统生活不可分割的一部分。人们聚集在这里或哀悼或祝福，它也是教授年轻人礼仪、社会习俗的课堂。

文化项目名称：阿拉伯咖啡

列入联合国教科文组织代表名录年份：2015 年

阿拉伯咖啡是阿拉伯社会待人接客的最重要、也是最基本的一个方面，这一传统习俗可以追溯到几个世纪以前，那时阿拉伯咖啡逐渐普及，在社交、宗教场合和家庭聚会上用来招待客人。在清早与晚上，家里人也习惯一起喝咖啡。在当地社会，喝咖啡有一套讲究，送咖啡的人必须左手拿着咖啡壶，右手拿着咖啡杯，根据客人的地位和年龄来提供咖啡。

文化项目名称：热孜法（Al-Razfa）

列入联合国教科文组织代表名录年份：2015 年

热孜法是阿曼全国各地流行的一种艺术形式，主要表达民族认同感、自豪感和荣誉感。热孜法经过代代相传，在不同社会场合与庆典仪式中进行。其节奏热烈，由成年男性面对面站两行，中间间隔 10 至 20 米。两行队伍中有击鼓者。热孜法的表演者包含各年龄层，称为“热齐法”，表演队伍中还包括舞者和鼓者，表演者相互靠近，保持动作与节奏的一致。

热孜法

第二章

文 学 篇 · 诗 歌

第九十二首诗

马欧里

他还曾说：

你于我心珍贵不变，纯洁友爱从未玷染，
彼此相惜时光考验，交情坦诚见面甚欢，
不曾有过企图谋算，非份之念于我太难。
若我不慎将你冒犯，必将忏悔迷途知返；
若我失言让你埋怨，定会诚恳自责幡然；
若你疏远我永不变，昔日情谊一如从前，
许你情谊莫逆心间，缤纷美好相视而现；
倘若我曾钩深图远，你可转身情谊绝断。
为何倾盖如故多年，心照神交从无他盼，
相识至今时光荏苒，友情笃定未有杂念，
何曾忘却情谊绵延，纵使千年时光流转。
守护情谊始终温婉，即便友人突生改变，

时刻铭记彼此无间，哪怕挚交愠怒厌烦，
友人犯错乞求原谅，待他宽厚谦逊坦然。
赛义夫·本·苏尔坦，权力美德寿命续延，
伊玛目他宽厚能干，仁慈将罪犯全赦免，
引领穆斯林向长远，博施济众顺利成全，
枝丫树叶从不啼转，劲风流水奔驰向前。

艾比·苏非诗歌选

一

她现身，艳色耀目；她轻盈，柳条轻舞；
她退去，绰约尤物；她许诺，夜晚会晤；
她来在白昼，拖着夜的末尾；
她欢喜，日光中果实熠熠，因而出尔反复。
她躲避，我朝她走去怨诉：人该信守不渝。
她回答：
我言而有信，你何时见到太阳出现在夜幕？

二

世人终了解我心志，将我成就与本质洞悉；
待他们路过我踪迹，疏远之人定懊悔不已；
追我思想岁月长忆。

三

我固守一隅，被人抛弃；别否认你们曾见我在某地；
亲人如星宿，将我远离；我似天空璀璨宝石被抛弃；
哈里发阿里结婚之际，
我空中俯降，星光熠熠；他们反而将我囚禁在大地；
我洁白闪耀，白银难比；他们企图用污血把我灌溺，
而我，浸染过的，是侯赛因牺牲的血迹。

四

播种光荣必收获；呵护光荣须无过；
求知者勤学不辍，贵为君王未治国；
臣不奉君遭罢黜。

五

欢喜你们，我扬起思念风帆，踏浪来到身旁；
忠诚你们，我穿过情谊时光，盛情跨越海洋；
呼喊你们，我泪水溢出眼眶，愉悦淹没心房；
为何，呼喊你们来拯救我、或怜悯我，
然而，你们没有回应、也没有怜悯……

六

岁月已过多久再到何时，我耐心涣散迫不及待；

我竭力让自己沉稳踏实，即便邪念突然间闪来；
邪恶来临时，我向它打个招呼！
假如没有庇护遮挡，难遇贵人成全；
假如没有船只载我逃离邪恶这条船；
即便躲不开欺侮，我将制服邪恶，直到它倦怠。

七

大德之人深仁厚泽，手掌如弦妙曲不绝。
晨光嫉妒少年锦瑟，韶华似月照亮黑夜。
我们见证宇宙喜乐，时光当酒妙语如歌。
他们仰慕修善断恶，兴致勃发还年驻色。
月晕纠缠在满月旁，企图如幕帘将遮挡。
相谈甚欢志趣不常，艾比赛义德的光芒。
我们纵情美酒渴望，微醺被烂醉人遗忘。
惟愿甘甜之夜长长，无数月亮光芒照亮。
时光因亲密而美满，存在因君王而芬芳。

我长大了
——节选自《永恒的快乐》

芭尔姬丝·马兹鲁艾

作者简介

芭尔姬丝·马兹鲁艾，出生于1994年，24岁，已出版随笔集《我长大了》《永恒的快乐》《正在进行》等。

情感之圣洁

让你的文笔闻名，为爱死去。
你会发现你字符的让爱重新苏醒，
当你读到失落，
你不会和主人公，
和作者一样感同身受。
我相信很多书写爱情的人。
你知道吗?
每天晚上，

我用笔轻抚内心，
试着理解我否认自己存在其中的现实。
你不知道我背负的爱有多深，
如何渴望见面，
和永不衰竭的思念。
我没有意识到我像这样满满都是你，
直到我整理心里的每个角落，
直到爱不断长大，我为它创造了另一个空间。
如他们所说，你是永恒，
你是不朽，
不朽中有他们的追求。

远走

阿卜杜拉·舒艾比

作者简介

阿卜杜拉·舒艾比，1973年7月出生于阿曼东北部省比迪叶市，作家、记者。为多家杂志撰稿，创作短篇小说、文学艺术文化评论文章，已出版诗集《零碎与通俗》。目前有两部诗集、一部文化评论集即将出版。

他们将带着我，
走向遥远的迷惘。
这群困惑的好心人，
为距离撒满不安的沙尘。
当云彩睁开双眼，
注视凝固的石洞，
我，不过是一间空荡荡的屋子；
我，不过是最后一夜捻灭的一缕炽热。

他们将带着我，
沉默的人们避开注视。
无数选择，如同丧子的母亲。
件件长衫，合上困乏的眼睑，
所有袖口，都在抖乱灰尘。
他们将带着我，
脚步只是敷衍的解释。
那些点滴，
渐渐凋零，
在离去的忧愁。

他们将带着我，走向我，
心脏在收缩，苍白无味。
突如其来的水，浇透空虚，
窗，懂得的不过只言片语。

他们将走向我，
他们将走近我，
他们将走
他们将
他们
……

结束的

柏德丽耶·马拉克

每次痛苦敲打着心脏，
我该宣称，
除了坟墓，
没有运气没有生活。
我应明白，
这种痛苦须结束。

它该停止，
好让失望，
或快或慢掠过，
从我的心，从我千疮百孔的梦；
从我的理智，从显露的一切；
从初露倪端的所有。

主啊，
我解开心中千头万绪，
翻弄着，必要时不惜抛开所有。
让黑暗在我身上黯淡、熄灭，
我步步跟随，对快乐说：过来吧！
悲伤却回答：
轮到你为我燃烧！

主啊，
写到此时，
内在一种声音，
理智中多年喧嚣。
我该把它们全部扼杀！
留下一声低语：
“停下吧”
你醒醒！

这种痛苦早该结束，
或许已经结束，
或许一切在我之后才结束。
那时，宇宙凝固，
我化为虚无或一片蜃景，

空空的玻璃瓶，或是尘土。

我，

与这个世界不对等。

缓缓地，你拖着步履

阿伊莎・宾特・苏莱曼・布鲁西亚

作者简介

阿伊莎・宾特・苏莱曼・布鲁西亚，27 岁，笔名为幻影。活跃的网络小说家，曾参与部分院校的文学阅读课与公益培训，热心文学事业与文化活动。

缓缓地，你拖着步履，
深深地叹息，
没什么可以满意，
没什么值得欢喜。

站在镜前，
你找寻自己的脸，
抚摸鼻梁骨，
让指尖滑过脸部肌肤。

每样都是松弛的，
太阳老朽枯干，
月光难再明亮，
繁星黯淡无光，
天空还一如既往，
大海让人晕眩，

朋友们呢……他们怎么样了？

他们站在那儿，
都在等你。
而你只看着那个，
你想说话的人。
良久，良久。

可你没有离开，
双脚的枯萎，
仿佛那樽古树。
全身上下坚守着大地，
不动摇……

你想要呼唤某人，
寻遍声音，
找你特有的韵调。
声音已消散，掺杂进空气，
你发出的一切，不过气息。

第二章

文 学 篇 · 小 说

小偷与墙

艾哈迈德·拉哈比

作者简介

艾哈迈德·本·哈姆德·萨利姆·拉哈比，短篇小说家、媒体作家。从事传媒领域与新闻工作27年。在《尼兹瓦杂志》、《阿拉伯耶路撒冷报纸》和国内各报纸的文化专栏发表了许多微型小说以及新闻类、文学类文章。短篇小说集《开心果》，随笔《一只蚂蚁与新秀丽包》，杂文集《癌之城》。

在月黑风高的夜晚，一个小偷费劲全力攀上高高的围墙，墙内一座简陋、破旧的房子，掩在黑暗里。突然，不知哪来的一个声音对他说："偷这户人家只会徒劳无功，他们是穷人，连基本的生活必需品都没保障。"

小偷起初并不以为然，诧异地反问道："你是谁？你怎么知道的？"声音迅速回道："我是你正攀的墙啊。我和这家人一起生活了很久，最了解他们的情况。"死物与活物间如此轻易就能进行言语清晰透彻的对话，着实让小偷大吃一惊。不过他仍以凝练了小偷界智慧的一句行话回敬道："没有不能偷的屋子。"墙不得不使尽浑身解数,想方设法劝小偷放弃计划。它说："你看这样如何，我告诉你一处藏宝地，你就不用白费劲偷这一穷二白的人家了。那地儿就在这附近的一堵老墙下。"小偷半信半疑问道："你怎么知道的？你建在这之后又没挪过地儿。"墙便告诉他："墙都是用砖头砌的，用来砌墙的砖有一部分原来用在那堵藏宝的墙上，有的则来自其他老墙，那堵墙的秘密，还有其他墙的秘密，都是这些砖告诉自己的"。

尽管将信将疑，不过宝藏的诱惑还是让小偷疾步来到那堵老墙下，挖到了宝藏。

可是小偷贪得无厌，脑中总想着通过那堵墙和它的秘密不费吹灰之力得到财宝。于是第二晚小偷又回那户人家去偷东西，好向守护那家人的墙施压，再告诉他其他的藏宝地。迫于无奈，墙只得告诉他新的藏宝地，免得他翻墙施盗。就这样，在贪婪的驱使下，小偷日复一日地向墙施压。

某个清早，人们看到坚固矗立了这么些年的墙塌了，废墟下压着一个人。这人吐出最后一口气咕哝着什么话，虽然听不清，但掩不住话中的遗憾与悔恨。

鞋的风情

祖维娜·萨利姆

对，我要焕然一新。不，不是新的，而是要唤醒远方那位女子。我会白费力气的。她的脸会再度出现。那是她与一位正在逛商场的娇媚女子间的对话。

“我在买一些从前不常买的东西。”

粉饼……剪裁新潮的服饰，那种能让任何女人都性感、妩媚的款式。

她看见那些衣服，仿佛在邀请她参加舞会。她太喜欢那些前短后长的裙子了，那条黑色雪纺镶枯萎玫瑰的裙子，短袖、宽松、大领口，还有那件如羽毛般轻盈、梦幻的连衣裙，她想起弗拉明戈女舞者。我穿能好看吗？过去光是想想穿那种裙子，她都要害怕。她觉得自己正直面着危险，不安全的危险。

走进试衣间，穿上裙子，镜中的人她并不认识。

“你……在那里……要做什么……没看见我在换衣服

吗？”

她的手迅速划过温热的身体，双臂与胸口突然觉得发冷，不禁一阵哆嗦。转过身看看后头，这很关键。我从后边看到底怎么样？这衣服贴身。我不习惯贴身的东西。

她冲着镜子送了个不赖的笑容。解开发夹，松开头发，对着镜子又笑道：

“这么说来，你就是我。”

售货员，吃惊地站着，微笑越发灿烂，她也觉得不可思议。

“抱歉，我在里面耽误太久了。可我想听听你的意见。这件适合我吗？”

“不要紧，女士，坦白说，我刚才都没认出您。我还琢磨着，怎么这个女人会从试衣间出来，刚才就没见她进去呀？您穿这身实在是太美了。”

看来这衣服有效果，就剩下鞋子了。

她绕开自己平时常穿的那些鞋子，只看自己想穿的。那双鞋吸引了她的目光，它就像一位窈窕女子躺在她身边。

她说：“穿一双充满女人味的鞋子，哇，我会变成真正的女人。”

她蹬上鞋,镜中的模样令她茫然,脚被鞋裹着。不经意间,她听见一个声音说:“光看那脚就知道是位美丽的女士!”

她并不在意是谁在说话,这么说来,今天鞋子的魅力最大。他会怎么说呢?鞋子、裙子,他会喜欢吗?她想了想他的那个眼神。

“他肯定会比售货员和路人更惊讶。”

鞋子,我先给他看鞋子。她穿上高跟鞋,好让他看看穿上这双鞋后她充满风情的脚。

他睁开眼,惊了。看来魔力奏效了。

“哇!亲爱的,这鞋太有风情了!太性感了!这肯定不是你的品位!谁替你挑的?”

魔力奏效了。他迷上了这性感的鞋子,可是没迷上鞋子的主人。

粉红唇角上的微笑迅速收起。她咽下仅存的快乐,觉得一阵心塞。不过她决定最后一搏,娇羞道:

“是我挑的,相信我嘛……”

“不,不可能。这鞋太性感了,不是你的品位,我确定。”

她缓缓脱了鞋,也脱去了娇羞的姿态,将它重新装进黑盒子里,摆在鞋子旁。

“你说得对,一位女士为我挑的,是我在商场试衣间里遇到的。”

她的脸色可能已经铁青，甚至发黑，或者已经快气死了，男人并没注意。他还为自己的准确推测、敏锐洞察洋洋自喜。他说：

“我是不是说了这不是你的品位，我可是很了解你的，哈哈哈……”

笑声中，她闭上双眼。远处，出现了试衣间里遇见的那张女人脸，困在镜中，没人能将她从那里赶走，就算砸烂了镜子，又有谁能将镜子里的脸赶走呢！

《瞬间的世界》选段

阿迪莱·阿迪

作者简介

阿迪莱·阿迪，作家。已出版两部作品《瞬间的世界》《呓语》，在《观点报》《东－西杂志》上发表数篇心理学、社会学、哲学类文章，为不少网站撰写文章。

我的饥饿住在阁楼。每晚我听着它贪婪地吞噬我的夜。在所有人入睡后，它醒来，开始疯狂啃噬面前的一切，一直嚼到天花板。它舔舐我的思想，将剩下的残羹冷炙四处乱吐，就像野兽美滋滋地吮吸着猎物的骨头，就像吸血鬼那样寻觅书的脖颈处流淌出的文字。因为对书中的内容不消化，它的腹中咕噜噜一阵响，边白思念的气息让它稍稍镇定，它的脚步震颤着我诧异的房顶。那时，我对它的担心悄悄潜入门缝。只要一开门，阳光从窗户照进来，它便沉沉睡去。

我在寻找一样完全不了解的东西。
内在的空虚剥夺了我的一切，
时间的螺丝在沉默尽头膨胀，
某种混乱入驻这虚无的场景，
就像那幅关于生命轮回史的海报。
是否有了遗忘，回忆就不再令人胆颤？

我们在某条街道，反复穿行，
寻找初次经过时的惊喜。

在我脑海中，思绪拥堵，如难民潮涌。

呐喊备忘录

阿迪莱·阿迪

我是一声呐喊，岁数与阿尔兹海默症差不多，可我不再知道该在什么时候、什么地点、什么场合发出声音。有时我会一阵悲喜交加，因为我记不得我是谁，他们又是谁。常常会有一只手攀上我的躯体，压住我的声带，让我无法呼吸。或许是我的躯体攀上声带，使其失了声。自从步入老年，记忆的幻影便堵在了我的嗓子眼。

小时候，我曾是一声存在的呐喊。当肺部充满了生命的空气，我便发出痛苦的呐喊。于是，觉得疼痛时，饥饿与渴望之声便会控制我，在生命的那些时刻，我曾是一声成熟的呐喊，得到千百万呼声的反响，也认识了各式各样呐喊。

我喜欢上了其中的一个，爱上了她，总是与她相伴。我和她都擅长高音。

同一个洞里的邻居——笑声，总想和我一较高下，总是模仿我，我也模仿她，结果我俩都迷了路，找不回正常的状态，只能被扇个巴掌才能恢复。那个笑声后来死了，有个侵犯者捂死了她，我也被捂得发不出声，渐渐的，我的音色越来越弱，因为我是如此孤单，无父无母。和所有的呐喊声一样，我们来自虚无，也归于虚无。

要是告诉你们我在医院、诊所、监狱、教室、办公室、公司时的感受，你们也许会感到惊讶。周围那么多呐喊声同在，我真的好开心，我们的声音每提高一次，我的快乐也随之递增。是的，我很幸福，因为我是害怕孤单的一声呐喊，尽管邻居总是劝我保持沉默。我的这位邻居也是一声呐喊，但她只在主人的喉咙里打转，发出的声音就像在呢喃细语，生怕有人听见。

我这一生也经过一些高调的时刻：见过妊娠过程，挨过耳光，目睹过大街上的可怕场面，也体会过孤独。可是最让我痛苦的却是那天，面对眼前人，依然记得的故人，我却发不出声。当我无力再拥有声音时，泪水支撑着我。泪水与哭泣总是在我伤痛之时到来。

我跳舞的时候更美。旋转的呐喊真好，脚步的踢踏真好！

你们有过那样的经历吗？每前进一步，我便呐喊一声，四下里掌声默契相伴。所有人都在跳舞，还有开怀的呐喊。伴着歌声，我幻想自己在祈求爱人，或充满思念与渴望，或充满责备与怨言。啊！那些时刻，吉他声声，娇语嗔嗔，多么美妙！

你们之前听过我的意外吗？我指的是遇到像我一样的呐喊声那次意外。那是阴云密布，没有太阳的一天，突然就落起了雨点。我好开心,喊出了各式各样的高音。幸福无法言喻，我和着雨点声，那是带有记忆中味道的雨点。脚步越来越快，每走一步我都快乐地呐喊。那场雨是我意外的惊喜。和我的女伴不一样，她的惊喜总是甜点、巧克力的滋味，每次口中品尝到一粒糖，她都会欣喜地呼喊。

你们知道我多大了吗？

肯定不知道，我好像也不记得了。

现在我常想呐喊，用炽热温暖的嗓音、用克制嘲讽的嗓音，同时呐喊。

所以，我要竭尽全部声音，启程、结束。